Forum Verlag Godesberg GmbH

GDi

Gottlieb Duttweiler Institut
für Wirtschaft und Gesellschaft

Jens Weidner
Yolanda M. Koller-Tejeiro (Hrsg.)

Mit Biss zum Erfolg!

Durchsetzungsstärke und positive Aggression
im Management

Mit Beiträgen von

Sonja Bischoff
deutsche Frauen-Macht- &
Geld-Forscherin, Hamburg

Norbert Bolz
deutscher Trendforscher &
»Philosoph des Bösen«, Düsseldorf

Wolfgang Merz
österreichischer Wirtschafts-
Aggressions-Coach, Salzburg

Sabine Mühlisch
deutsche Körpersprache-Therapeutin &
Management-Trainerin, Köln

Georges T. Roos
schweizer Zukunftsgestalter für
»kulturelle Innovation«, Zürich

Susanne Ziesche
ungarisch-schweizer
Unternehmensberaterin, St. Gallen

MG 2001

Die Deutsche Bibliothek - CIP-Einheitsaufnahme

Mit Biss zum Erfolg! : Durchsetzungsstärke & positive
Aggression im Management / [Gottlieb-Duttweiler-Institut
für Wirtschaft und Gesellschaft]. Jens Weidner/Yolanda M.
Koller-Tejeiro (Hrsg.) Sonja Bischoff ... .- 2., erw. Aufl. -
Mönchengladbach : Forum-Verl. Godesberg, 2001
ISBN 3-930982-70-6

© Forum Verlag Godesberg GmbH, Mönchengladbach
Alle Rechte vorbehalten.
Mönchengladbach 2001
Erste Auflage: Mönchengladbach 1999
Umschlag/Layout: Konstantin Megas, Mönchengladbach
Gesamtherstellung: Rosch-Buch GmbH, D 96107 Scheßlitz
Printed in Germany
ISBN 3-930982-70-6

Inhalt

G lobalisierung der Wirtschaft und europäische Integration verschärfen den Konkurrenzkampf in den obersten Führungsetagen: Manager müssen sich zunehmend auf dem internationalen Parkett bewähren, brauchen neben der fachlichen Qualifikation soziokulturelle Kompetenzen und verstärkt Durchsetzungsvermögen und Entscheidungsfreude. Die Ausweitung qualifizierter Konkurrenz spült eine „Energie" an die Oberfläche, die als entscheidender Motor für Erfolg gepriesen wird: die Aggression. Zu dem verschärften Leistungsdruck kommt die Entlarvung der gängigen Praktiken und Geschäftsgebaren durch Insider hinzu. Unter dem Deckmantel zivilisierter Umgangsformen und Verhaltenscodes – Aushandeln von Verträgen, Suche nach Kompromissen, Bemühen um Konsens, faires Messen der Kräfte – wird häufig mit perfiden Methoden skrupellos und bis aufs Messer gekämpft, die Vernichtung des Gegners im Blick. Wie Aussteiger aus dem Olymp verraten, geschieht dies durchaus nicht immer zum Nutzen des Unternehmens.

Wie geht man nun mit dieser Entlarvung um? Kann man – des lästigen Zivilisationsscheins befreit – endlich ohne Hemmungen die Muskeln spielen lassen oder gilt es, die Spielregeln zu überprüfen, die Wettbewerbsbedingungen neu zu schneidern, um Fairness zu garantieren und dem qualitativ Besten zum Sieg zu verhelfen? Oder ist der Sieger allemal der Beste?

Bedeutet die Offenlegung der zuweilen brutalen Realität im Nadelstreifenmilieu, dass man gleich offensiv dazu stehen kann, dass man unverstellt, direkt und offen die Waffen wetzt? Geht es lediglich darum, die Notwendigkeit aggressiver Methoden zu legitimieren, das bislang Verborgene hoffähig und akzeptabel zu machen?

Entspricht die Polarisierung zwischen Gut und Böse, die eng mit dem Thema Aggression verknüpft ist, lediglich dem postmodernen binären Zeitgeist? Dieser ist allerdings bei näherem Hinsehen gar nicht so modern, wie uns die Lehren der katholischen Kirche von Himmel und Hölle, Gott und

Teufel zeigen. Wie dort geht auch in der aktuellen Aggressionsdebatte vom „Bösen" eine merkwürdige Faszination aus. Dabei gleitet Aggression mühelos von der Banalisierung – als ganz „normal", zum Menschsein dazugehörig, das Salz in der Suppe, ohne das alles schal und langweilig schmeckt – über zur Inszenierung als wesentliche Kraft. Wobei man sich oft nicht weiter damit aufhält, zwischen gut- und bösartiger Aggression – wie der Philosoph *Erich Fromm* ausführt – zu unterscheiden. Vielmehr scheint es fast so, als würden die bösartigen Varianten – Destruktivität und Grausamkeit – nicht nur als Kehrseite der Medaille hingenommen, sondern als entscheidende Stimulierung legitimiert, um alle Reserven zu mobilisieren. So ist das Böse heute wieder modisch-chic geworden, aufregend, spannend, voller Nervenkitzel. Demgegenüber erscheint das „Gute" öd und schal, das Kreativität verkümmern lässt und jegliche Innovation lähmt.

Aber: Können wir denn auf die Erkenntnisse der Moralphilosophen der vergangen Jahrhunderte pfeifen, die Errungenschaften der Aufklärung und Zivilisation im Umgang der Menschen miteinander, im Streben um Macht und Einfluß in unserer Gesellschaft einfach über Bord werfen? Sind Ethik und Moral nur noch obsolete zivilsatorische Hemmnisse, die in unserer hochtechnisierten Welt den Fortschritt unnötig behindern? Die Herausgeber meinen „Nein!"

Eine Sache ist es, die moralische Rhetorik zu entlarven, eine andere, die Moral einfach zu ignorieren. Kann man der Aggression freien Lauf lassen oder muß sie nicht immer wieder so diszipliniert werden, dass sie als „positive" Energie wirken kann und nicht als blindwütige Vernichtungsmaschine? Werden Wissen, Intelligenz, Geschicklichkeit – bislang wesentliche Kenntnisse und Fähigkeiten von Führungspersönlichkeiten – nur noch für Aggression instrumentalisiert? Oder sind Durchsetzungsstärke und Konfliktfähigkeit nicht eher Ausdruck dafür, dass Aggression intelligent und geschickt genutzt wird, um den notwendigen Biss zu entwickeln und damit Karriere und Aufstieg abzusichern?

Was macht denn die Faszination der Aggression aus? Viele Fragen, zu denen dieses Buch provozierende Beiträge liefert.

- Der Kriminologe und Management-Trainer **Jens Weidner** stellt im ersten Beitrag die sechs zentralen Aggressionsformen von Führungskräften vor. Aber es sei gewarnt: Fünf davon sind eher unternehmensschädlich und nur eine ein Karriere-Muss! In weiteren Beiträgen beschreibt er die notwendigen (!) Schattenseiten von Führungskräften und widmet sich im „Barbarella Beitrag" den Chancen weiblicher Aggression. Seine märchenhafte Empfehlung an Top-Frauen: „Werfen Sie Ihren Froschkönig ruhig gegen die Wand. Nicht, weil Sie auf den Prinzen hoffen, sondern weil Ihnen das Geräusch des Aufklatschens so gefällt!"

- Die Organisationssoziologin **Yolanda M. Koller-Tejeiro** sieht „Frauen fit für die Führung" und warnt vor dem Kompetenzparadies: „Es reicht nicht, klug, kompetent und kämpferisch zu sein. Denn da gibt es einen noch größeren Frauenfeind: Die sogenannte „Bremswirkung der Hierarchien". Und die wird hemmungslos von männlichen Jungmanagern bedient.

- Der „König der Trendforscher" (FOCUS) **Norbert Bolz** betont das Innovative des Bösen und öffnet spannende Perspektiven: „Der Kunde ist ein Störenfried, ein göttlicher Parasit." Es sei gewarnt. Der Beitrag ist nichts für Sensible!

- Die Betriebswirtin und Frauen-Macht- & Geld-Forscherin **Sonja Bischoff**, plädiert für die „Lust an der Macht" und warnt vor Irritationen: „Nur weil Macht auch die Möglichkeit des Missbrauchs in sich birgt, ist sie nicht unmoralisch. Genauso wenig wie der Gebrauch eines Küchenmessers unmoralisch ist, nur weil man damit auch einen Menschen umbringen kann". Ihre Leistungsempfehlung: „Erhöhen Sie die Schlagzahl – aber nicht im stillen Kämmerlein!"

- Die Körpersprache-Therapeutin (& S. Malcho „Schülerin") und Management-Trainerin **Sabine Mühlisch** präsentiert das verräterische der aggressiven Körpersprache. Ein Beispiel: „Das Sitzverhalten von Managern ist oft ein aus den Pubertätsritualen stammendes Imponiergehabe des Männchens. Das Spreizen der Beine und damit Demonstrieren der Genitalien heißt soviel wie: 'Ich bin das stärkste Männchen, du kannst mir nichts anhaben'." Also, lesen Sie den Artikel und ersparen Sie sich in Zukunft derartige Peinlichkeiten!

- Der „Zukunftsgestalter" **Georges T. Ross**, Unternehmens-berater für „Kulturelle Innovation" in Luzern und ehemaliges Mitglied der Geschäftsleitung des *Gottlieb Duttweiler Institutes für Wirtschaft und Gesellschaft* sowie dessen Leiter der Abteilung »Kulturelle Innovation«. warnt vor dem Ethik-Trend, denn „wer die Wahrheit für sich reklamiere, der mache aus dem anderen direkt oder indirekt einen Lügner".

- Die Management Psychologin **Susanne Ziesche** empfiehlt ein kraftvoll-weibliches Lernziehl: „Ich will keinen Kampf. Aber wenn einer unbedingt Blut sehen will, kann er es haben. Aber nicht mein's." Ihre Untersuchung über Führungsfrauen fördert verblüffendes zu Tage: Karriere-Frauen leiden weniger unter autoritärem männlichen Führungsverhalten, sondern mehr unter der Führungsschwäche ihrer Vorgesetzten! Die scheinen mehr Schwächling als Wirtschaftskrieger zu sein.

- Den ausführlichsten aggressionstheoretisch und praktischen Beitrag liefert der Salzburger Persönlichkeits-Trainer **Wolfgang Merz** (Merz-Management-Training). Er beschreibt die Manager-Welt nicht nur als Psychohölle, sondern liefert auch Lösungsmodelle: seinen Abschied vom Aktionismus — die Umwandlung aufgestauter Aggression in wirtschaftlich-kulturelle Leistung. Und das macht doch Hoffnung, oder?

Hamburg, im März 2001

Prof. Dr. Y. M. Koller-Tejeiro · Prof. Dr. J. Weidner

Handelsblatt

WIRTSCHAFTS- UND FINANZZEITUNG

VERLAGSORTE DÜSSELDORF UND FRANKFURT

KARRIERE-Gespräch mit Jens Weidner über Aggression als Chance

Gute Manager kommen in den Himmel, böse kommen in den Vorstand

HANDELSBLATT, Do., 6.6.96

In einem Seminar am Gottlieb-Duttweiler-Institut, Rüschlikon/Schweiz, buddeln 15 Führungskräfte nach ihrer ganz persönlichen Leiche im Keller. Die Schaufel reicht ihnen der deutsche Aggressionstherapeut und Erziehungswissenschaftler Professor Dr. Jens Weidner. Thema der zweitägigen Veranstaltung ist der Umgang mit Aggressionen – wohlgemerkt, den eigenen – in Job und Privatleben.

Weidner, der hauptberuflich an der Fachhochschule Hamburg lehrt, will alles andere als Manager auf Kuschelkurs trimmen. Im Gegenteil: „Aggression ist eine Chance. Wer in einem Unternehmen Erfolg haben will, muß sie gezielt einsetzen statt sie zu unterdrücken." Eine Gesellschaft wie die deutsche, die beharrlich den Schein des sozialen Konsenses aufrechterhalte, könne sich hierzu allerdings nicht bekennen, ohne ein Tabu zu brechen.

Die Führungseliten seien satt, beobachtet Weidner. Wie sonst ließe sich der allgegenwärtige Ruf nach neuen politischen Rahmenbedingungen erklären? „Jeder weiß, daß solche Veränderungen zehn Jahre und länger dauern. Wer dennoch mitschreit, sucht bloß ein Alibi, um nicht selbst etwas tun zu müssen." Dabei sei es Zeit für Aktion, und das bedeute, für Aggression: „In Asien leben Millionen Menschen, die ihrerseits in hohem Maße Aggressionsbereitschaft aufwenden, um unsere Märkte zu erobern."

Eigentlich macht die aktuelle Generation von Führungskräften nicht den Eindruck, daß in lauter Schafspelzen tatsächlich nur Schafe stecken. Unternehmen werden gestrafft, Kosten gesenkt, Personal abgebaut. Weidner gibt zu, daß dabei eine Menge Energie eingesetzt wird. Die Frage sei aber, „ob diese Aggression dem Erfolg des Unternehmens am Markt oder nur der persönlichen Besitzstandswahrung dient". Der Er-

Professor Dr. Jens Weidner

ziehungswissenschaftler glaubt an letzteres, an den „egoistischen Willen zur Macht". Niemand brauche sich dieser Macht zu schämen, findet Weidner, denn „Macht macht Spaß!" Ihre Insignien – das Büro auf der Chefetage, der ergebene Assistent – bereiteten Genuß, „und dieser Genuß ist auch notwendig, weil Kompensation für extrem hohe berufliche Anspannung". Führungskräfte fühlten sich hin- und hergerissen zwischen der Omnipotenz eines Lopez und der Angst, morgen den Stuhl vor die Tür gesetzt zu bekommen. „Euphorie und Dynamik wechseln mit der Furcht vor Demontage à la Edzard Reuter."

Je krasser die Temperaturunterschiede in diesem Wechselbad seien, desto eher neigten Manager zu spontaner Aggressivität, welche Kontrollverlust anzeige und

Fehlentscheidungen begünstige. Beispiel: Ein Vorgesetzter putzt sein Opfer in Gegenwart von Kunden herunter, ohne zu merken, daß er den schon sicher geglaubten Auftrag gefährdet. Mitarbeiterführung wird so zum Zufallsprodukt. Anders die instrumentelle Aggressivität: Sie ist kühl berechnend, strategisch und gehört zur Grundausstattung jeder Führungskraft. Das Verhaltensrepertoire schließt künstliche Wutausbrüche und verbale Provokation ein.

Weidner sieht viele Topmanager in der Nähe von Aggression und Gewalt, vor allem struktureller Gewalt. „Die wird geliebt", sagt er, „denn Hierarchie ist schön, wenn man oben steht. Das subtile Ausleben von Gewalt werde als wohltuend empfunden, weil es der Führungskraft „beweist, daß sie mit ihrem Umfeld noch fertig wird – trotz Dauerstreß, trotz wachsender Komplexität in Beruf und Privatleben. Die Welt wird auf das eigene Fassungsvermögen zurückgestutzt." Aggressionen gibt es folglich genug, aber sie nützen den Unternehmen nicht immer. „Der Biß vieler Führungskräfte ist weg, sobald sie das Ziel ihrer beruflichen Planung erreicht haben", beobachtet Weidner. „Dann fällt es schwer, sich von neuem zu motivieren und ein höheres Ziel anzupeilen, das nicht durch den persönlichen Ehrgeiz, sondern durch das Interesse des Unternehmens vorgegeben wird."

Biß, also der Wille, sich nicht mit der bloßen Besitzstandswahrung zufriedenzugeben, lasse sich trainieren. Zarte Seelen, sofern es sie im Management gibt, seien gewarnt: „Idealtypisch soll der Mensch natürlich edel sein, einfühlsam und gut. In Leitungspositionen, im reinen Wettbewerb, kann dieses Selbstverständnis zur Handlungsunfähigkeit führen. Distanz zum Leiden anderer ist – leider – nötig."

Christoph Stehr

Montage/Textquelle: Handelsblatt, 6.6.1996

Jens Weidner

Mit Biss zum Erfolg!

Über positive Aggression in der Wettbewerbsgesellschaft

Der globale Wettbewerb, lean management, neue Steuerungs-
und Organisationsmodelle räumen ganze Chefetagen leer.
Längst ist die Zeit vorbei, in der hochqualifizierte Führungskräfte als Unberührbare galten. Die Konsensgesellschaft und
der Traum vom Teamspirit geraten ins Hintertreffen, wenn
die einzelne Führungskraft sich plötzlich wieder mit persönlichen, existentiellen Fragen konfrontiert sieht. Was heute
zählt sind Einfühlungsvermögen und seismographisches Ge-
spür für neue Trends und Märkte sowie Durchsetzungsvermögen im eigenen Unternehmen und Kampfbereitschaft nach
außen gegen die Konkurrenz. Frei nach der militärischen Lo-
sung: Nur wer weiß, wo der Feind steht, kann siegen! Die
Schweizer Trend- und Wirtschaftszeitung *gdi-impuls* formuliert das eleganter: „Die Entmaterialisierung des gesamten
Wertschöpfungsprozesses führt dazu, dass wir uns mit wachsender Faszination archaischen Verhaltensweisen in Organisationen zuwenden. Emotionen, Aggressionen, Frustrationen
sind die inoffiziellen Lieblingsthemen der aktuellen Manage-
mentdebatte." (1997: 2)

   In Abgrenzung zur klassischen Gewaltkriminaliät dominie-
ren in der Wirtschaft natürlich subtile Methoden, auch wenn
derzeit Bücher mit dem Titel „Der Mafia-Manager" auf dem
Markt kursieren. Fakt ist: Aggression im Wettbewerb tritt in
der Regel als Reaktion auf eine wirkliche oder auch nur
scheinbare Minderung der eigenen Macht in Erscheinung.
Und vor Machtminderung haben in dieser Hochtempozeit
viele Business Leute zu recht Angst. Kein Wunder also, dass
die Maxime zur Jahrtausendwende lautet: schneller sein,
auch aggressiver sein!

*Aggression im
Wettbewerb tritt
in der Regel als
Reaktion auf eine
wirkliche oder auch
nur scheinbare
Minderung der
eigenen Macht in
Erscheinung.*

7

Glaubt man der TIMES haben besonders die exportaktiven mittelständischen Unternehmen das begriffen, denn etwa im Vergleich zum deutschen „Big Business" kommt das Magazin zu dem martialischen Resümee: „Immer mehr Meinungsmacher gelangen inzwischen zu der Ansicht, dass Deutschlands Exporterfolge nicht etwa durch den Kanonendonner der „Dicken Berthas", sondern durch das stetige Geknatter der kleinen Handfeuerwaffen gewonnen werden." Diese Terminologie schätzen die Herren *Schrempp* und *Piech,* aber nicht das Gros der Wirtschaft, das lieber von Durchsetzungsstärke und Biss spricht.

Fakt aber ist: Erfolg hat, wer seine Aggression nicht unterdrückt, sondern sie gezielt zum Wohl des Unternehmens – und nicht nur zum eigenen Wohle – einsetzt. Positive Aggression ist das Kraftwerk im Manager, das Durchsetzungsstärke erst freisetzt. Gemeint ist damit natürlich nicht der Faustschlag ins Gesicht des Gegenspielers, sondern das, was in der Psychologie als Sublimierung verstanden wird. Auf deutsch: Die Umsetzung aggressiver Energie in wirtschaftliche und kulturelle Leistung! Genauer: Es geht um die Aktivierung der brachliegenden, natürlichen, moralisch gerechtfertigten aggressiven Potenzen, die Mut machen persönliche Grenzen zu überschreiten. Kurz: Positive Aggression fördert die im Management so geschätzten proaktiven Verhaltensweisen!

Die vier Klassifikationsgruppen der Aggression für Manager in der Krise

Der Sozialphilosoph *Fromm* betont, dass diese aggressiv gestimmten Führungskräfte mit außergewöhnlicher Macht – aus Wirtschaft, Politik oder Verwaltung – eine Hauptgefahr für jede Gesellschaft werden können, wenn sie sich ihres eigenen destruktiven Potentials nicht bewusst werden. Die folgenden Zeilen sollen bei dieser Bewusstmachung hilfreich sein.

Über Auftragsschläger: die explizit destruktive Aggression

Diese extreme und daher seltene Form hat die Verletzung oder sogar den Tod des Konkurrenten zum Ziel: Auftragsschläger, die eine Abreibung verpassen sollen, bis hin zum Schusswaffeneinsatz zählen hierzu. Handlungsgrund der Auftraggeber: Sie bewegen sich im Bereich der organisierten Kriminalität (bei Russlandgeschäften oder in Rotlichtmilieus) oder sie fühlen sich existentiell bedroht: „Ihnen geht der Arsch auf Grundeis", so ein abgewickelter Bauunternehmer.

Die Folgen dieser brutalen Aggressionsform erleidet derzeit gerade eine sehr erfolgreiche südddeutsche Unternehmerin, die Brandstiftungen am Privathaus und nächtlichen Angriffen mit Würgedrähten ausgesetzt ist, seitdem sie die alteingesessene Konkurrenz im Schatten stehen ließ. Ihr unfreiwilliges Lernprogramm derzeit: Leben mit der Angst und dem Bodyguard! „Erfolg = Bedrohung", so ihr Credo. „Würden Sie einen Auftragskiller engagieren, wenn Sie wüssten, dass ein Konkurrent Ihre wirtschaftliche, soziale, familiäre und gesellschaftliche Position zerstören will?" „Ja!", antwortete ein 56-jähriger Topunternehmer auf einem Schweizer Managementseminar. Er erntete dafür Kritik von drei anderen Spitzenkräften. Diese erregten sich nicht über seine Brutalität, sondern über seine Feigheit nicht selbst Hand anzulegen!

Würden Sie einen Auftragskiller engagieren, wenn Sie wüssten, dass ein Konkurrent Ihre wirtschaftliche, soziale, familiäre und gesellschaftliche Position zerstören will?

Über Psychoterror: Die explizit negative Aggression

Ziel ist es, bei dem Konkurrenten einen sehr unangenehmen psychischen Zustand herzustellen, ihn aber nicht direkt körperlich anzugreifen. Permanente Bedrohungen, Telefonterror oder das gezielte Ausspionieren lassen, um belastendes, möglichst sexuelles Material zu finden, gehört zum Basisrepertoire dieser Top-Mobber. Hier spielt die sadistische Komponente eine große Rolle, also die Lust am Quälen, denn sonst würde der Täter nicht über den langen Atem verfügen: Psychoterror entfaltet seine zerstörerische Wirkung durch die andauernde Wiederholung. Das erst zermürbt das Opfer.

Zerstörung als Nebenprodukt:
Die implizit destruktive Aggression

Verletzungen, selbst der Tod Unbeteiligter wird billigend in Kauf genommen.

Das Ziel ist der wirtschaftliche, der unternehmerische Erfolg – auch auf Kosten der Legalität. Verletzungen, selbst der Tod Unbeteiligter wird billigend in Kauf genommen. Beispiele sind illegale Mülltransporte mit illegalen Deponien auf denen sich Straßenkinder vergiften. Oder illegaler britischer Rindfleisch-Im- und Export durch konkursbedrohte Unternehmen in der europäischen Gemeinschaft. Oder die Giftgastransporte bzw. Fabrikteillieferungen durch Deutsche nach Libyen: *Gaddafis* Sohn, der mit rotem Porsche und fünf mürrischblickenden Leibwächtern in Ibizas Romantikhotel *Victoria* seinen wochenlangen Sommerurlaub genoss, brachte es auf seine Art auf den Punkt: „Wir mögen die Deutschen. Die haben uns geholfen."

Lieblingsmachtspiel der Wirtschaftselite:
Die implizit negative Aggression

Auch hier ist der wirtschaftliche Erfolg das Ziel. Nur ein unangenehmer Zustand des Mitbewerbers wird als o.k. empfunden. Beispiele dafür sind die typischen Machtkämpfe auf der Topebene (leadership struggles), wie – in den neunziger Jahren – von *Schrempp* und *Werner* bei *Mercedes* präsentiert. Und diese Machtkämpfe werden genossen: „Wer ist *Werner*?" fragte *Schrempp* nach seinem Sieg die verdutzten Reporter. Diese Aggressionsform gehört zum Lieblingsmachtspiel der Wirtschaftselite. Von der Liebe zur strategischen Halblegalität wird lustvoll-schelmisch gesprochen. Ein Stahlmanager nannte diese subtile Aggressionsform verklausuliert seinen „kreativen Interpretationsrahmen auf dem Weg nach oben!"

Diese vier allgemeinen Klassifikationsgruppen der Aggression für Manager in der Krise bzw. im harten Wettbewerb münden in konkretes Geschäfts- und Alltagshandeln:

Die sechs Formen der Aggression bei Führungskräften:

One evil action every day keeps the psychiatrist away!

Aggression ist nicht gleich Aggression (*Weidner* 1995). Ihre Vielfältigkeit reicht vom „Schimpfen bis zum Verhöhnen, vom Schlagen bis zum Pistolenschuss, vom Beinstellen bis zum Bombenwerfen, von gereizter Patzigkeit bis zum Links-liegen-Lassen", so der Aggressionsforscher *Nolting* (1995: 88). Konstruktiv ausgelebte, positive Aggression unterstützt Karrieren, destruktive Aggression verursacht dagegen in Unternehmen Millionenverluste!

Konstruktiv ausgelebte, positive Aggression unterstützt Karrieren, destruktive Aggression verursacht dagegen in Unternehmen Millionenverluste!

Ein bewusster Umgang mit den eigenen Aggressionen gehört deshalb zum Führungskräfte-Einmaleins (*Neidhart* 1997: 53/*Fromm*). Aber: Fünf der sechs zentralen Aggressionsformen gelten als unproduktiv, unangemessen und schädlich. Nur eine ist ein Muss für Top-Leute, aber welche? Verehrte LeserInnen, fragen Sie sich doch bitte bei den folgenden Zeilen, welche Aggressionsform Sie favorisieren. Oder haben Sie keine? Beschreiben Sie sich als aggressionsfreie Führungskraft und zählen damit zur seltenen pazifistischen Mischung aus *Mutter Theresa* und *Mahatma Ghandi*?

Die spontane Aggression

Sie ist der schnelle, emotionale Schuss aus der Hüfte, der mehr kaputtmacht, als er hilft und für den man sich üblicherweise im Nachhinein auch noch entschuldigen muß. Spontane Aggression ist affektiv, reflexhaft und geht mit Selbstkontrollverlust einher. Diese Führungskraft hat sich nicht im Griff, sie erscheint überfordert, bleibt bei Freund und Feind hängen. Spontane Aggression ist zutiefst menschlich, aber peinlich für eine Topkraft. Spontane Aggression ist „uncool". Sie hat zum Teil neurotische Dimensionen mit negativen Konsequenzen: *Kienbaum* Untersuchungen betonen, dass Unternehmen, in deren Chefetagen mehrere Neurotiker für ein problematisches Betriebsklima sorgen, über bis zu 6% weniger Umsatzrendite verfügen. Merke: Spontane Aggression ist teuer!

Spontane Aggression ist teuer!

Die Frustrations-Aggression

Sie ist der untaugliche Versuch sich aggressiv zu verschaffen, was einem vorenthalten worden ist. Voraussetzung ist immer ein unbefriedigter Wunsch nach nicht erreichter Größe und Macht. Diese Form findet sich bevorzugt bei sogenannten dissonanten Persönlichkeiten, deren Berufsrealität hinter dem selbstgesteckten Idealbild hinterherhinkt. Beispielhaft steht dafür der mittelständische Unternehmer, der unter seinem Leben in der Provinz leidet, lieber Konzernchef wäre und endlich von der deutschen WIRTSCHAFTSWOCHE oder der SCHWEIZER HANDELSZEITUNG wahrgenommen werden möchte. Obwohl größter Arbeitgeber der Region und trotz anerkennender Worte durch Provinzverwaltung und Politik bleibt die frustrierende Gewissheit: „Ich bin nur 2. Liga." Diese Form der Frustration muß nicht aggressive Konsequenzen haben. Positiv gewendet kann sie zur Kreativität führen, die sich beispielsweise in Kulturorganisation („Ich hole den Domingo") oder Mäzenatentum ausdrückt. Die gewünschte Größe erhält man so eben außerhalb der Wirtschaft, zur Freude der kulturell partizipierenden Mitmenschen. Auch gut!

Die rachsüchtige Aggression

Auge um Auge, Zahn um Zahn!

Diese Führungskraft verteidigt sich nicht in einem Kampf, denn die racheauslösende Gemeinheit ist einem schon widerfahren, die negative Sache ist gelaufen. Sie gehört eigentlich der Vergangenheit an. Nicht so beim rachsüchtigen Manager: Der macht den irrationalen Versuch, Geschehenes ungeschehen zu machen. Er folgt dem „lex talionis": Auge um Auge, Zahn um Zahn!

Ein Beispiel: Ein Bauunternehmer bekommt nicht den erhofften Auftrag, obwohl er „Büro-Sonderausgaben" des Dezernenten mitfinanziert und eine Alarmanlage in dessen Privathaus mehr als kostengünstig installiert hat. Er hat Hass auf diesen staatlichen und bestechlichen Entscheidungsträger. Über drei Ecken und mit Hilfe eines Journalisten, den er instrumentalisiert, setzt er Gerüchte in die Welt. Motto: Der Dezernent hat eine Affinität zu kleinen Jungs. „Das Gerücht hatte ja schon bei *Michael Jackson* geklappt", so der Unternehmer. Nach zwei Monaten und reichlich Pressespekulationen stellte sich die Unschuld des Dezernenten heraus. Seine eh angespannte Ehe schlidderte nur knapp an der Scheidung vorbei. Im *Civitan-Club* meidet man ihn dezent. In letzter Zeit klagt er über Herz-Rythmus-Störungen. Unser Bauunternehmer ist zufrieden, denn „die Gerechtigkeit hat gesiegt". Mitleid hat er nicht, denn bei ihm sei es bei dem Auftrag auch um seine Existenz gegangen. Böses tun und sich gut fühlen! Die Kriminalsoziologie spricht von Neutralisierungstechniken, von Rechtfertigungsstrategien, um Schuld- und Schamgefühl zu vermeiden!

Deutlich ist: dieser Führungstyp ist nachtragend, er vergisst nicht. Man sollte sich vor ihm vorsehen. Dazu ein Manager der Computerbranche: „Ich vergesse Kränkungen und Unkollegialität von anderen nie. Gegenüber solchen Mitstreitern mache ich bei allen Gelegenheiten Politik oder klarer gesagt: Ich versuche sie auflaufen zu lassen und in die Pfanne zu hauen. Diskret, versteht sich!" Psychoanalytisch kann von einem Versuch gesprochen werden die angeschlagene Selbstachtung wiederzufinden. Das geschieht häufig auf Kosten unbeteiligter Dritter in Unternehmen.

Ein eklatantes Beispiel: Die zerstrittenen Unternehmenserben. Ohne Rücksicht auf den Fortbestand des Unternehmens, ohne Rücksicht auf die Arbeitnehmerschaft — zu der die aktienverliebten Luxussöhne und -töchter wenig Beziehung haben — wird Auge um Auge, Zahn um Zahn agiert und zwar nicht unternehmens- sondern egoorientiert! Dabei ist der Kampf mit harten Bandagen nicht zwangsläufig nötig, sondern von der Angst des Übervorteiltwerdens geprägt. Hinter der rachsüchtigen Aggression steht häufig eine Enttäuschung über das Leben, vielleicht auch über die eigene missratene Lebensleistung. Und Lebensenttäuschung führt schnell zu Lebenshass. Statt Glauben an Mitmenschen und ethische Prinzipien, wird zur Prestige- und Statusjagd angesetzt. Als Führungskraft ist dieser Typus auf den ersten Blick verbissen zielorientiert, aber am Fortbestand Ihres Unternehmens ist er nicht wirklich interessiert. Also, Vorsicht ist geboten!

Als Führungskraft ist dieser Typus auf den ersten Blick verbissen zielorientiert, aber am Fortbestand Ihres Unternehmens ist er nicht wirklich interessiert. Also, Vorsicht ist geboten!

Die kompensatorische Aggression

Sie empfinden diese Schadenfreude als Potenzersatz, eben als Ausgleich, als Kompensation.

Durchsetzungsstärke und Dominanz stehen hier als Ersatz für produktives Handeln. Selbstgesteckte Ziele werden durch Schwäche, Ängste, Inkompetenzen verfehlt. Daraus entsteht das Leiden, das innerliche Hadern mit sich selbst. Das innere Gleichgewicht – die Wissenschaft spricht vom homöostatischen Prinzip – ist gestört und diese Störung gilt es auszugleichen. Kompensatorische Leistungsträger wirken dabei häufig unberechenbar, irgendwie stimmungsabhängig und mit einem großen Vergnügen sich am Misserfolg enger Mitarbeiter zu erfreuen. Sie empfinden diese Schadenfreude als Potenzersatz, eben als Ausgleich, als Kompensation. Oder wie ein Exportkaufmann als harmlose Variante formulierte: „Früher einen forschen Pimmel, heute einen Porschefimmel!"

Die hässlichere Variante sind die Neo-Despoten.

Die hässlichere Variante sind die Neo-Despoten. Das sind Hardliner, die den härter werdenden Wettbewerb voll an die Mitarbeiter durchreichen und die über permanentes Drohen sich selbst erheben, sich „gesundstoßen" an der Angst der Untergebenen. Wortfragmente wie „Leute wie Sie müßte man...", begleiten ihren Arbeitsalltag. Diese Managerspezies ist extrem leistungsorientiert, gepaart mit dem fast zwanghaften Wunsch Mitarbeiter oder Familienangehörige fest im Griff zu haben. Machtversessenheit bis zum heimlichen Phantasieren gottgleich zu sein dienen der Kompensation.

Ein Beispiel aus der Chemiebranche: Ein Manager verliert einen siebenstelligen Auftrag gegen die Konkurrenz. Das ist bitter, aber verkraftbar, zumal unser Mann bei den letzten Aufträgen die Nase vorn hatte. Life goes on? Nicht so bei unserem Mann, denn der leidet nicht nur unter der finanziellen, sondern vor allem unter einer persönlichen Niederlage, da im Konkurrenzunternehmen ausgerechnet sein alter Schulfreund /-feind ihm den Auftrag weggeschnappt hat. Zur Vorgeschichte: Bereits im Gymnasium konkurrierten die Beiden (überflüssigerweise) mit männlich-sportlicher Verbissenheit, machten in derselben Branche in unterschiedlichen Unternehmen eine vergleichbare Karriere und trafen sich nun beim siebenstelligen Showdown. Unser Mann sagte, dass diese Niederlage nach Ausgleich lechzte, den er sich auf ungewöhnliche und kriminologisch sehr interessante Weise verschaffte: Er zerkratzte in 28 Minuten 9 Luxuswagen (Kriterium: Neupreis über 100.000 DM) mit seinem Autoschlüssel, während eines abendlichen Spaziergangs in der City einer europäischen Großstadt. Begründung: „Weil mein Freund-Feind auch so einen Wagen fährt". Die Aktion machte ihm ehrlich Spaß und kein schlechtes Gewissen. Er empfand Genugtuung und ein geradezu euphorisches Hochgefühl als er Tage später in der Tageszeitung einen Artikel über „Jugendvandalismus an Luxusmobilen" entdeckte.

Merke: Kompensation bedeutet häufig Gesundstoßen auf Kosten Unbeteiligter! Also: Dies sollte keine Kraft Ihres Vertrauens sein.

Die Autoaggression

Hier wendet die Führungskraft die innere aggressive Energie gegen sich selbst, etwa weil sie Angst hat anstehende Berufskonflikte mit den eigentlichen Aggressoren oder Konkurrenten auszutragen. Der faule Kompromiss, der eigentlich Entscheidungsschwäche ist, wird nach außen als Konsensfindung und ausgleichende Verhandlungsführung verkauft. Dem eigenen Team kann der Leistungsträger derartige Konsensheuchelei wortgewaltig unterjubeln, dem eigenen Körper und der eigenen Seele allerdings nicht. Die spüren den Selbstbetrug und reagieren entsprechend: Depressivität, starke Stimmungsschwankungen, Selbstzweifel, die nur mit Kognak zu beruhigen sind oder Essstörungen bzw. Bulimie sind die Folge. Auch die derzeit so populäre Suche nach der Lebensgefahr in Extremsportarten beinhaltet diese autoaggressiven Tendenzen.

Fakt ist: die Aggression, die im Geschäftsleben unterdrückt oder geleugnet werden soll, sucht sich häufig auf körperlicher Ebene ihren eigenen Ausweg. Merke: Wir können unserer aggressiven Potenz nicht entfliehen.

Autoaggression bei Leistungsträgern ist eine total unproduktive Energieverschwendung, die vor allem bei den Zeitgenossen und Zeitgenossinnen ausgeprägt ist, die ihre eigene Aggression ausschliesslich negativ besetzen, die nicht Kampf, sondern nur Konsens lieben, die vom Team reden und beharrlich ignorieren, dass auch sie in Hierarchien stecken, in denen der Konflikt nun mal zur Normalität zählt. Autoaggression geht einher mit Durchsetzungsschwäche und die beschrieb

Der faule Kompromiss, der eigentlich Entscheidungsschwäche ist, wird nach außen als Konsensfindung und ausgleichende Verhandlungsführung verkauft.

der Personalchef eines international agierenden Lebensmit-
telkonzerns wie folgt: „Wir haben Top-Experten. Aber wenn
die eine Gruppe mit nur 12 Leuten leiten sollen, versagen die.
Die kochen aus lauter Harmonie- und Konsensgedudel ihrem
Team erst mal Kaffee. Die führen nicht, die wollen geliebt
werden und werden − entschuldigen Sie bitte die Formulierung − verarscht".

Zur Autoaggression neigende oder auch zu liebe Führungskräfte sollten in Managements-Trainings lernen „mieser", enthemmter und autoritärer zu werden. Dies wäre ein
echter Gesundheitsbeitrag für die Betroffenen und ein Gewinn an Führungskompetenz für das Unternehmen.

Große Teile der fünf erstgenannten negativen Aggressionsformen werden heute unter dem Schlagwort „Mobbing" bzw.
der Führungskräftevariante „Bossing" wahrgenommen.
Richtschnur dabei: Je kleiner die Firma oder Abteilung, je
direkter die Konfrontation und je geringer die Ausweichmög-
lichkeit, um so brutaler die Auseinandersetzung, die hierarchisch fast immer von oben nach unten geht. Unternehmens-
leitlinien wie die betriebsinternen Anti-Mobbing-Vorgaben
bei *Volkswagen* versuchen da gegenzusteuern. Und das ist
auch notwendig, denn der volkswirtschaftliche Schaden derart k.o. gesetzter Mobbingopfer ist enorm. Als Karrierekon-
kurrenten fallen die Gemobbten zwar aus, hohe Krankenraten
und hoher Leistungs- und Kreativitätsabfall verdeutlichen
aber, dass diese destruktiven Aggressionen vielleicht für den
Ellenbogenkarrieristen erfolgversprechend sind, dem Unternehmen intern aber mehr schaden als nützen. Merke: Mobbing disqualifiziert Top-Leute!

Die positive, konstruktiv-strategische Aggression: Synonym für Durchsetzungsstärke

Bei dieser Aggressionsform geht es um die Verteidigung des
Lebens, um die Verteidigung von Besitz, Macht und Beziehungen. Sie wird der Tatsache gerecht, dass wir „Aggressionen nicht abschaffen können; sie gehören zur Grundausstattung des Menschen und führen nicht nur zur Destruktion,
sondern haben auch eine Überlebensfunktion" (*Mitscherlich*:
1985: 182). Und die Wissenschaftlerin *Heyne* (1993: 77) betont, dass Voraussetzungen für konstruktive Aggression vor

16

allem Konflikt- und Durchsetzungsfähigkeit sind. Aggression ist daher zunächst einmal ein „konstruktives Potential an Energie und Aktivität, das sich unter ungünstigen Umständen in Gefühle und Impulse destruktiver Qualität verwandelt."

Dieser Wandel wurzelt in der real oder eingebildeten Angst vor Bedrohung von außen. Er mahnt zur Vorsicht. Er betrachtet Gutgläubigkeit als Schwäche, als Naivität. Bevorzugt wird eine präventive Konfliktlösungsstrategie angestrebt: Erst die Macht oder die Mehrheiten (z.B. in Vorgesprächen) festzurren, dann pseudodemokratisch ins Meeting gehen. Diese Aggressions- oder Durchsetzungsform findet sich beim Gros erfolgreicher Führungspersönlichkeiten wieder. Meisterlich verstehen sie es, ihren aggressiven Verdrängungskampf als Verteidigung gegen imaginäre Feinde zu rechtfertigen: „Feindliche Übernahmen" werden so zu Abwehrmaßnahmen im globalen Wettbewerb. Diese Führungskräfte haben Freude an strukturellen Machtspielen und an strategischem Geschick. Kluges Taktieren hält die Gegenspieler dabei auf Distanz. Sie schaffen geschickt Abhängigkeiten und bieten sich als pragmatische bis visionäre Wirtschaftsführer an. Sie geben den Mitmenschen überzeugend die Illusion von Sicherheit und Halt. Sie stellen sich als Bollwerk des Wirtschaftsstandortes, als Garanten gegen die Krise dar. Sie sind selbstkontrollierte Strategen mit genauen Methoden- und Zielvorstellungen. Und sie haben ein geradezu sinnliches Verhältnis zu dieser Gestaltungsfreiheit. Ein Vorstand formulierte diese prometheussche Kreativität nach einem Aggressionsseminar über dem Züricher See wie folgt: „Menschenschach ist Balsam für meine Seele." Und er ergänzte: Bevor er Macht ausübe, probiere er das Szenario mit Vertrauten aus, damit er in der Stunde X dann „nicht Scherben zusammenlesen muss, sondern höchstens einen Riss im Glas feststellt." Machtausübung nach dem Motto: Der Ton macht die Musik. „An den harten Tatsachen ändere dies allerdings nichts", so das Vorstandsmitglied (*Wienröder* 1995: 19). Die konstruktiv-strategische Aggression dient nicht der Zerstörung, sondern der Erhaltung, genauer: der Erhaltung dessen, was ICH für wichtig erachte. Grundlage ist dabei ein vernünftiges Kalkül. Der Zweck heiligt hier nicht die Mittel. Die Verhältnismäßigkeit muss stimmen. Das Gemeinwohl bleibt bedeutend. Oder mit den Worten des schillernden *Trigema*-Chefs *Grupp*: „Ich stehe für

Erst die Macht oder die Mehrheiten (z.B. in Vorgesprächen) festzurren, dann pseudodemokratisch ins Meeting gehen.

Diese Führungskäfte haben Freude an strukturellen Machtspielen und an strategischem Geschick. Kluges Taktieren hält die Gegenspieler dabei auf Distanz.

jeden Arbeitsplatz gerade, Shareholder-Value ist unmenschlich. Wie kann sich einer als erfolgreicher Manager feiern lassen, weil er die Aktienkurse in die Höhe treibt, aber gleichzeitig rücksichtslos die Menschen auf die Straße setzt?" (*Ukena* 1998:3). Er orientiert sich damit am Sozialphilosophen *Jeremy Bentham* (1748-1832), der die egoistische Nützlichkeit (Utilitarismus), die Frage, was nutzt das meinem Unternehmen, immer auch am Gemeinwohl messen ließ. Und selbst der

Selbst der Liebling aller Wirtschafts- liberalen, Adam Smith, verlangte die „Mindestrücksicht- nahme" und nicht das aggressive Gewinnstreben um jeden Preis!

Liebling aller Wirtschaftsliberalen, *Adam Smith*, verlangte die „Mindestrücksichtnahme" und nicht das aggressive Gewinnstreben um jeden Preis! Entsprechend wird die konstruktiv-strategische Aggression als positiver Persönlichkeitszug definiert. Auf gut deutsch: Wut tut gut und Rivalitäten sind im Prinzip natürliche und gesunde Rangordnungskämpfe. Hierzu zählt auch ein strategisch eingesetztes kommunikatives Repertoire vom einfühlsamen Bedrängen bis zum spontan-echt wirkenden Wutausbruch, die Klaviatur von Charme bis Vulkan. Hart, aber herzlich. Der japanische Unternehmensführer *Kazuo Inamori* spricht punktgenau von der „großen Liebe" und meint den väterlich, streng-fürsorglichen Führungsstil. „We are family" nennens die Amerikaner und pochen auf die Akzeptanz klarer Machtverhältnisse, in denen nur 100% Unternehmensgläubigkeit als akzeptabel gelten. *Nike*-verliebte Karrieristen begriffen das: Sie tätowierten sich ihr Firmenlogo auf die Haut! Verschmelzung nennt das die Psychologie.

Der Heidelberger Unternehmensberater *W. Reinecke* spitzt die so wichtige Durchsetzungsstärke auf drei aggressive Erfolgsfaktoren zu:

1. Schnelligkeit, um wirkliche Gegner ins Leere laufen zu lassen.

2. Geduldig sein und Unauflösliches aussitzen können (Kohl-Syndrom).

3. Schieflagen beim Namen nennen, ohne Rücksicht auf falsch verstandene Harmonie (*Neidhart* 1997:53).

Resümee: Wer die konstruktiv-strategische Aggression nicht beherrscht, der hat größte Schwierigkeiten sich in der Wettbewerbsgesellschaft durchzusetzen. Die positive, konstruktiv-strategische Aggression bleibt − bei aller Konsenslehre à la *Sprenger* − der Schlüssel zum Erfolg. Und sie macht

Spaß, weil man aggressive Energie ausleben kann, um Gutes zu tun! Seien Sie mal ehrlich: Gibt es etwas Schöneres?

Literatur

Fromm, E.: Die Seele des Menschen. Stuttgart 1979

Heyne, C.: Täterinnen. Zürich 1993

Mitscherlich, M.: Die friedfertige Frau. Frankfurt/M. 1985

Neidhart, T: Der Umgang mit Aggression in den Führungs-etagen, in: Horizont, Nr. 21/1997

Nolting, H.P.: Lernfall Aggression. Reinbek 1995

Ukena, S.: Erfolg als eine Frage der Ehre, in: Hamburger Abendblatt. Nr. 38/1998

Weidner, J: Anti-Aggressivitäts-Training für Gewalttäter. Bonn 1996 (4. Aufl.)

Weidner, J: Das Gute im Schlechten. Über die Schattenseiten der Leistungsträger, in: Wirtschaftswoche, Nr.11/1996

Weidner, J./ Kilb, R./ Kreft, D.: Gewalt im Griff. Weinheim, Basel 1997

Wienröder, H.: Anti-Aggressionstrainings. Manager auf der Suche nach ihrer Leiche im Keller, in: Schweizer Handels-zeitung, 12.10.1995

Yolanda M. Koller-Tejeiro

Frauen fit für Führung

Hürdenlauf trainieren oder einfach besser zielen?

Frauen an der Spitze - immer noch einsam

„Einsame Spitze" so betitelte der „Stern" Mitte 1997 eine Reportage über „Frauen auf dem Weg nach oben".[1] Auf dem Titelfoto sechs Frauen in Nadelstreifenanzügen in V-Formation, die es geschafft haben. Überwiegend sind sie jung, flott, selbstbewusst, gutaussehend alle. Angeführt werden sie von einer bekannten Fernseh-Moderatorin, die dann auf der Inhaltsseite weitegrätscht und triumphierend lächelnd auf dem Rücken eines nackten, muskulösen, sonnengebräunten jungen Mannes sitzt, der auf allen vieren mit vom linken Frauenbein gebeugten Nacken stillhält, in der rechten ausgestreckten Hand den stöckelbeschuhten Fuß der Frau stützend. Darunter steht: „Experten sagen: Frauen sind das Führungspotential der Zukunft." Tut sich nun doch endlich was in den bundesdeutschen Chefetagen?

Frauen sind das Führungspotential der Zukunft.

Das Foto suggeriert allerdings etwas ganz anderes als im Text steht und empirische Studien belegen: den Triumph der Frauen über die Männer. Frauen in Karrierepositionen sind noch dazu sexy, also für Männer eine stimulierende Herausforderung. Die Erotik der Macht wird körperlich, ganz anders als bei Männern, die diese wohl gewandt lediglich durch ihre selbstbewusst-herrische Mimik und Haltung sowie teure Statussymbole — dazu gehören auch attraktive weibliche Wesen — „verkörpern".

Hier ist anschaulich, was die Forschung zeigt: Frauen werden ungeachtet ihrer Position in der Hierarchie sexualisiert, d.h. primär als Frau und nicht in ihrer Berufsrolle wahrgenommen; gleichzeitig erfolgt eine Entsexualisierung der Männer — beides mit dem Ziel, die Arbeit der Frauen zu tri-

Frauen werden ungeachtet ihrer Position in der Hierarchie sexualisiert.

21

vialisieren. Eine Strategie zur Aufrechterhaltung der Gechlechtshierarchie. (vgl. *Müller* 1995:103)

Widerstand gegen die Gleichstellung der Geschlechter.

Das Foto im „Stern" ist geschickt, denn es provoziert geradezu den Widerstand der aufstrebenden Jungmanager, die diese Konkurrenz gar nicht schätzen. So rüsten sie sich zurückzuschlagen, bevor Frauen — von spektakulären Ausnahmen abgesehen — überhaupt etwas erreicht haben. Die massiven Geschütze der „Konterrevolution", noch bevor die „Revolution" der Gleichstellung der Geschlechter überhaupt in Sicht ist, hat die amerikanische Schriftstellerin *Susan Faludi* schon 1991 in ihrem Bestseller „Backlash" eindrucksvoll vorgeführt: „...the antifeminist backlash has been set off not by women's achievement of full equality but by the increased possibility that they might win it. It is a preemptive strike that stops women long before they reach the finish line." [2] Und in einem neuen Bestseller des belgischen Urologen *Bo Coolsaet*, in dem es um männlich Potenz und Impotenz geht, heißt es, dass der durch die Gleichheitsforderung der Frauen „bedrohte" Mann dazu neige, zurückzuschlagen. „In gewissen Phasen der Geschichte, wenn die Frauen etwas in die Höhe kamen, hat er regelmäßig seine einzige Waffe genutzt. Manchmal auf grausame Weise!"[3]

Frauen als Führungspotential der Zukunft - hat es je die Chance zum Zuge zu kommen?

Doch zurück zum Thema: Frauen als Führungspotential der Zukunft — Potential wohl, aber hat es je die Chance zum Zuge zu kommen? Wo ist diese Zukunft und wann beginnt sie endlich? Hat man nicht dasselbe schon vor über 10 Jahren prophezeit? Die Entwicklung in Zahlen zeigt, dass sich nicht viel getan in der Zwischenzeit, trotz Frauengleichstellungspolitik und Quotierungsdiskussion.

Wie die *Hoppenstedt*-Analyse: „Frauen im Mangement von 1995" belegt, sind nur 8,2% des gesamten Managements in Groß- und mittelständischen Unternehmen sowie in den Verbänden der Bundesrepublik Frauen. Im Topmanagement verringert sich der Anteil auf knapp 6,9%, während im Middlemanagment ganze 9,8% weiblich sind. Betrachtet man allerdings lediglich die Elite, die Crème de la Crème — das Topmanagement in Großunternehmen — so reduziert sich der Anteil der Frauen weiter auf lächerliche 3,2% (1985: 2,5%); im Middlemangement betrug er 5,8% (1985: 4,5%). Welch ein Siegeszug der Gleichberechtigung!

22

Nach *Sonja Bischoff,* die 1986 die erste empirische Analyse über weibliche Führungskräfte in der Bundesrepublik vorlegte und in einer Bestandsaufnahme nach 10 Jahren 1996 bestätigte, haben Frauen größere Aufstiegschancen in mittelständischen Unternehmen. Hier liegt der Frauenanteil heute bei 11%, aber auch hier im Middlemanagment mit 16,3% doppelt so hoch wie im Topmanagement. *Bischoff* (1996: 16) verweist auf die Forschungsergebnisse der Harvardprofessorin *Rosabeth Moss Kanter,* die in den US-amerikanischen Großunternehmen eine „Bremswirkung der Hierarchien" feststellte. Man spricht von einer „gläsernen Decke", einem „Punkt, über den Frauen niemals hinauszukommen scheinen" (*Assig/Beck* 1998: 28). In Zeiten des „lean management", in denen Hierarchien abgeflacht werden − also vorwiegend mittlere Positionen wegfallen − sind nun aber selbst die bisherigen Errungenschaften in Gefahr.

Frauen haben größere Aufstiegschancen in mittelständischen Unternehmen.

Bremswirkung der Hierarchien.

Der Anteil der Frauen an den Führungskräften in anderern Bereichen unserer Gesellschaft − in Politik, Medien, Wissenschaft und Universität − ist ebenfalls beschämend niedrig und im vergangenen Jahrzehnt nicht wesentlich gestiegen. Woran liegt es? An der Qualifikation nicht mehr: Bildung ist der einzige Bereich, in dem Frauen durch die Bildungsreform der 70er Jahre aufgeholt und teilweise sogar Männer überrundet haben. Heute gibt es mehr Abiturientinnen als Abiturienten und mehr Studentinnen in den Anfangssemestern als Studenten. Hochqualifizierte weibliche Kräfte stehen zur Verfügung; allerdings sperrt sich der Arbeitsmarkt − warum wohl?

Hochqualifizierte weibliche Kräfte stehen zur Verfügung.

Gipfelsturm im Alleingang?

Was sind die Gründe dafür, dass so wenige Frauen Spitzenpositionen in unserer Gesellschaft besetzen? Warum sind es immer noch die Männer, die die Geschicke der Welt lenken?

Warum lenken die Männer die Geschicke der Welt?

In der Forschung gibt es zwei Erklärungsansätze, den strukturell-situativen und den personenzentrierten (vgl. *Neuberger* 1995: 2). Der strukturell-situative Ansatz betont die objektiven Bedingungen: die gesellschaftlichen Machtverhältnisse, die sich in der geschlechtsspezifischen Arbeitsteilung und der Dominanz des Männlichen zeigen. Allerdings wirken auch Strukturen durch Menschen, werden von ihnen aufrechterhalten, verstärkt oder aber verändert. Das bedeutet:

Männer haben die
Entscheidungsmacht

- Da Männer die Führungspositionen besetzen, erfolgt auch die Rekrutierung durch Männer; diese legen die Anforderungen fest und haben die Entscheidungsmacht.

Männerbünde
bekämpfen die
Gleichberechtigung.

- Frauen sind auf männliche Mentoren angewiesen; sie sind vom informellen Förderungsnetz – vom „old boys network" – ausgeschlossen. Männerbünde bekämpfen nachgerade die Gleichberechtigung, während es Frauen an entsprechenden Seilschaften fehlt, ohne die niemand zum Gipfel gelangt. „Das Management bietet 'sich (...) geradezu dafür an, zum Männerbund zu werden', denn die grundlegenden Funktionen von Männerbünden wie Sinnstiftung, Herrschaftssicherung und Unsicherheitsheitsreduktion entsprechen den Bedürfnissen des Managements. Durch die Aufnahme von Frauen werden die 'mann-männlichen' Beziehungen gestört, was letztlich dazu führt, dass der 'Männerbund-Management' sich forciert in Gegnerschaft zu Frauen verbündet..." (*Ostendorf* 1996: 28)[4]

Da man von Frauen
keine Führungskom-
petenz erwartet, wird
diese systematisch
übersehen.

- Sie sind Vorurteilen ausgesetzt, werden kritischer beachtet und seltener befördert: Da man von Frauen keine Führungskompetenz erwartet, wird diese systematisch übersehen. Oder aber die im Vergleich zu Männern unterschiedliche Präsentation – die häufig schon aufgrund der körperlichen Präsenz, von Aussehen, Kleidung, Haltung und Stimme als „anders" wahrgenommen wird – führt dazu, dass sie nicht (an)erkannt wird. „Kantig muß das Gesicht sein, kräftig Statur und Stimme, die Haare kurz, die Kleidung grau – dann hat eine Frau die gleichen Aufstiegschancen wie ihre männlichen Konkurrenten. (...) Ein allzu

Ein weiblicher Er-
scheinungstyp ist
karrriereschädlich.

weiblicher Erscheinungstyp, lange Haare oder ein freundliches rundes Gesicht sind dagegen karrriereschädlich." (DIE ZEIT, 27.9.1996: 32)

- Sie müssen sich anpassen und nicht nur die von Männern definierten Hürden nehmen, sondern sich sowohl gegen männliche Mitbewerber durchsetzen als auch gegen den Widerstand anderer Frauen. Dabei sind es nicht nur hochqualifizierte, kompetente Konkurrenten, die in die Arena treten. Sondern plötzlich fühlen sich auch eher mittelmäßige Männer herausgefordert, die sich „starken" Männern ohne Murren unterordnen, aber wenn eine Frau das wagt, dann wollen sie es der doch mal zeigen, wer das besser kann! – und der Wettbewerb ist nicht immer fair und offen, sondern häufig intrigant, gemein, schreckt vor Mobbing nicht zurück.

- Diejenigen, die es geschafft haben, zeigen häufig das „Bienenkönigin-Syndrom", aus Arroganz oder Angst, die eigene Spitzenposition zu entwerten. Dies scheint sich erst zu ändern, wenn es „normal" wird, dass Frauen ganz oben sind, wobei eine kritische Schwelle bei ca. 30% angenommen wird. „Je mehr Frauen in Führungspositionen sind, um so mehr werden ihr Stil und ihre Eigenständigkeit überhaupt wahrgenommen und auch geschätzt. Ganz eindeutig verändert sich das Organisationsklima so, dass auch Männer diesen Wandel begrüßen." (*Assig/Beck* 1998: 24)

Je mehr Frauen in Führungspositionen sind, um so mehr werden ihr Stil und ihre Eigenständigkeit überhaupt wahrgenommen und auch geschätzt.

- Außerdem bedrohen sie „mit ihren Karrierewünschen das Selbstverständnis und die Privilegien von Männern" (*Neuberger* 1995: 2). Wie ein befreundeter Kollege auf der Karriereleiter des Mittelbaus an der Universität, der sonst die Machtverhältnisse der Gesellschaft durchaus durchschaute, giftig hinwarf: „Ihr tragt doch den Konkurrenzdruck erst herein, ihr seid Schuld an der Verschärfung des Klimas!"

Der personenzentrierte Ansatz sieht die Diskriminierung in der geschlechtsspezifischen Sozialisation und den Rollenzuschreibungen, den sogenannten Geschlechtsrollenstereotypen. Diese stimmen für Männer praktischerweise mit Führungsqualifikationen überein: Aktiv, rational, selbstbewusst, durchsetzungsfähig, zielstrebig, leistungsorientiert, risikobereit, aggressiv. Frauen dagegen verkörpern demnach genau das Gegenteil: sie „sind" abwartend oder passiv, emotional, empfindlich, friedliebend, also nicht leistungs- und wettbewerbsorientiert (vgl. *Neuberger,* 1995: 1). Wie die Forschung zeigt, sind dies jedoch keine „Wesensmerkmale" und damit angeboren, sondern diese „Eigenschaften" werden in der geschlechtsspezfischen (da für Mädchen und Jungen unterschiedlich verlaufenden) Sozialisation internalisiert und als gesellschaftliche Verhaltenserwartungen aktuell abverlangt. (vgl. *Bilden* 1991) Die Stereotypisierung bedeutet auch, dass zweierlei Maß angelegt wird: bei Männern als positiv definierte Verhaltensweisen kehren sich für Frauen ins Gegenteil, werden banalisiert und ins Lächerliche gezogen: sie „sind"

Ursachen für die Diskriminierung: Geschlechtsrollenstereotypen und geschlechtsspezifische Sozialisation.

Bei Männern als positiv definierte Verhaltensweisen kehren sich für Frauen ins Gegenteil.

ehrgeizig und nicht zielstrebig oder leistungs- und wettbewerbsorientiert; sie „sind" hysterisch, bösartig, zänkisch, zickig, launisch, missgünstig, neidisch und nicht selbstbewusst, willensstark und durchsetzungsfähig.

Entsprechend tappen Frauen immer wieder in dieselben Fallen:

Frauen wollen am liebsten beides: Beruf und Familie vereinbaren, während Männer der Karriere alles unterordnen.

- Sie sind sich über ihre Ziele und Pläne eher unklar und verfolgen nicht entschieden ihre berufliche Entwicklung. Zwar sind sie nun mehrheitlich nicht mehr der ihnen zugeschriebenen Frauenrolle verhaftet, sondern streben auch qualifizierte Berufstätigkeit und sogar eine Karriere an. Aber Frauen wollen am liebsten beides: Beruf und Familie vereinbaren, während Männer der Karriere − im Sinne beruflichen Aufstiegs − alles unterordnen. Viele Frauen in Karriereberufen und Führungspositionen haben denn auch keine Kinder, müssen häufig auf Ehe oder Partnerschaft verzichten, während sich für Männer Familie geradezu karrierefördernd auswirkt.

Frauen haben sich zehnmal bewegt, wo Männer sich nur einmal bewegt haben.

- Um beiden Bereichen gleichermaßen gerecht zu werden, überanstrengen sie sich und können nicht in Konkurrenz zum Mann entsprechend Energie und Zeit einsetzen. Andererseits werden Frauen aber auch aufgrund der ihnen primär zugeschriebenen Rolle als Hausfrau, Ehefrau und Mutter Führungskompetenzen nicht zugetraut. So müssen sie noch um einiges mehr aufbieten als ihre männlichen Kollegen und werden meist doch nicht entsprechend anerkannt: „Frauen haben sich zehnmal bewegt, wo Männer sich nur einmal bewegt haben. Das führt aber nicht dazu, dass ihnen mehr zugetraut wird; sie müssen um jeden kleinen Zentimeter dreimal kämpfen, dreimal durchhalten, um genauso gut zu sein", so eine junge Oberärztin in einem Hamburger Krankenhaus.[5] Außerdem sind sie nicht so frei verfügbar.[6] Wenn sie es geschafft haben, werden sie nicht ohne weiteres als Autorität anerkannt, sondern befinden sich im Clinch des „double bind": neben Durchsetzungsstärke sollen sie gleichzeitig Verständnis aufbringen und Fürsorglichkeit walten lassen. Die selbstverständlich erwartete Berücksichtigung der menschlichen Beziehungen, verstärkt durch verinnerlichte Moralvorstellungen − die als „doppelte Vergesellschaftung" in der Sozialisation

Widersprüchliche Erwartungen an Frauen: Durchsetzungsstärke, aber auch Verständnis und Fürsorglichkeit.

vermittelte Vorbereitung auf Familie und Beruf – erschwert rein „sachliche" Entscheidungen und hemmt aggressive Zielstrebigkeit. Im privaten Bereich dagegen, in dem erfolgreiche Manager Anerkennung für ihren harten Einsatz ernten und sich in ihrem Status sonnen können, müssen Frauen oft nicht nur darauf verzichten, sondern eher noch ihr Licht unter den Scheffel stellen und anpassungsfähig wie ein Chamäleon in die „weibliche" Rolle schlüpfen.

- Sie warten auf Lob und Beförderung, wollen „entdeckt" werden (in der Literatur wird dies als „Cinderella-Komplex" – das Märchen vom *Aschenputtel,* das vom Prinzen erkannt wird – bezeichnet), anstatt aktiv und zielstrebig die eigene Karriere zu betreiben. In der Sozialisation haben sie nicht systematisch antrainiert, sich gegen andere durchzusetzen, spielerisch die Kräfte zu messen, Spaß zu haben am (Ring-)Kampf, sich in die Arena zu werfen und immer wieder neu Herausforderungen zu suchen. Allerdings scheint die jüngere Generation hier selbstbewusst, so dass ein Ende der „weiblichen Bescheidenheit" zu erhoffen ist.

In der Sozialisation haben sie nicht systematisch antrainiert, sich gegen andere durchzusetzen.

- Sie reagieren auf Kritik zu empfindlich, nehmen diese zu persönlich, stellen die eigene Leistung zu wenig heraus. Ein wichtiges Lernziel ist es deshalb, die eigenen Arbeitsergebnisse wertzuschätzen und die innere Souveränität aufzubauen.

- Sie wägen Für und Wider zu lange ab, zeigen damit Entscheidungsschwäche und haben Hemmungen, Anweisungen zu erteilen; entsprechend sind sie wenig risikobereit. „Schamschwelle, andere Menschen zu benutzen" nennt es eine Journalistin, die schon unterschiedliche Leitungspositionen innehatte und jetzt Pressesprecherin in einem Ministerium ist. Männer dagegen hätten keine Hemmungen, selbst Freundschaften aufzulösen und „Bande zu kippen", wenn es opportun erscheint.[7]

Die positiven Aspekte – integrativer Blick fürs Ganze oder Umsicht, Vielseitigkeit, Flexibilität, Vermeidung von Ressourcenverschwendung, kooperativer Führungsstil – geraten ins Hintertreffen. Dabei wurde Ende der 80er Jahre gerade der als weiblich bezeichnete partizipative, auf „Teamwork" ausgerichtete Führungsstil, als wesentliche Leitungsqualifikation

Die sozialen und kommunikativen Kompetenzen nützen Frauen wenig.

entdeckt. Allerdings haben die sozialen und kommunikativen Kompetenzen, die Frauen aufgrund ihrer Sozialisation eher mitbringen, wenig genützt. Denn noch bevor Frauen zum Zug kommen, schaffen es Männer anscheinend mühelos, sich diese in Seminaren anzutrainieren und die „eh schon vorhandenen" Führungsqualifikationen zu ergänzen, um den von *Gertrud Höhler* propagierten „Power-Mix" aus Intelligenz und Emotion, Herz und Verstand herzustellen.

Seit einiger Zeit ist aber auch der komparative Vorteil abhanden gekommen und eine Dimension als Schlüsselqualifikation neu und heftig erblüht, die nun anscheinend eindeutig Männer „haben" und Frauen nicht: Aggression.

Aggression: Motor zum Erfolg

Die Komplexität unserer postmodernen Gesellschaft ist reduziert auf das simple Freund-Feind-Schema klassischer Western.

Die aktuelle Managementliteratur ist verliebt in die Aggression. Auffällig ist dabei, dass sich anscheinend auf den Führungsetagen — anders als in anderen Bereichen — die primitiven Verhältnisse der Jäger-Gesellschaft[8] erhalten haben, dem historischen Prozess der Zivilisation, der Entwicklung von Wissenschaft, Technik, Kultur und des Humanismus zum Trotz. Die Komplexität unserer postmodernen Gesellschaft ist reduziert auf das simple Freund-Feind-Schema klassischer Western („cowboy-Management"). Aggressivität und Rivalität gelten als archaische Überlebensinstinkte, die Manager in Topetagen zwangsläufig entwickeln müssen im Überlebenskampf gegen widrige Umstände — ähnlich wie die Höhlenmenschen gegen Naturgewalten, menschenfressende Tiere und gewalttätige Angreifer. So gilt hier Aggressivität etwa nicht als abweichendes Verhalten, sondern ist als „anthropologische Konstante" legitim. Außerdem scheinen Manager die letzten Abenteurer zu sein, wagemutig im „Überlebenskampf", als ginge es tatsächlich um physische Vernichtung — Leben oder Tod. Eine für Außenstehende völlig überraschende Perspektive: Wer hätte gedacht, dass die Nadelstreifensphäre soviel Aufregung, Spannung und Gefahr bereithält?

Manager scheinen die letzten Abenteurer zu sein, wagemutig im „Überlebenkampf".

Die Darstellung der obersten Arena als Dschungel, indem nur die Besten und Außergewöhnlichsten das Rennen machen — eine Art Sozialdarwinismus: surviving of the fittest — hat Methode. Es scheint ein Naturgesetz zu geben, nach dem die Spieler sich den Regeln unterwerfen müssen, für die sie keine Verantwortung tragen. Was alleine zählt, ist, sie so geschickt wie möglich zum eigenen Vorteil oder den der Firma zu nutzen. Nach dieser „Philosophie der Kompetenz" beweist allein die Tatsache, dass jemand oben ist, dass er zu den Fähigsten zählt.

Was sich allerdings verändert hat, ist die Form des Kampfes, der – ähnlich der modernen Kriegsführung, mit der Managementhandeln gern verglichen wird, – der rationalen Disziplinierung von Strategie und Taktik folgt. So wird denn auch Aggression positiv gewendet, als Energie und produktive Spannung, die Voraussetzung ist für Wettbewerb und sogar Kooperation. Wobei nur rhetorisch zwischen „gutartiger" Aggression im Sinne von Selbstbehauptung und Durchsetzungsfähigkeit und „bösartiger" (destruktiver) Aggression unterschieden wird.[9] Denn schließlich rechtfertigt der Erfolg die Mittel.

Denn schließlich rechtfertigt der Erfolg die Mittel.

Oder ist es nicht eher ein Mythos, sind vielleicht die Männer ganz oben gar nicht die Besten, werden Fehlentscheidungen und Misswirtschaft nur geschickt getarnt und die wagemutigen Kämpfer sind eher „Nieten in Nadelstreifen"?

Das Terrain der oberen Entscheidungsebenen in unserer Gesellschaft ist so abgezirkelt, dass Frauen nur in Ausnahmen tauglich scheinen. Vor allem fehle ihnen Aggressivität, das meint nicht nur der Großmufti von Kairo. In der polaren Zuordnung der Geschlechtercharaktere sind sie auf Friedfertigkeit festgelegt, auf Bescheidenheit und Mütterlichkeit – und zahlen dafür einen hohen Preis: gesellschaftliche Diskriminierung und Lebendigkeit. Denn es wird ihnen ein Potential aberkannt und in der Sozialisation abtrainiert, das auch zum Menschsein gehört.

In der polaren Zuordnung der Geschlechtercharaktere sind sie auf Friedfertigkeit festgelegt, auf Bescheidenheit und Mütterlichkeit.

Aber stimmt das denn? Sind Frauen nicht aggressiv, gewalttätig, machthungrig? Oder positiv gewendet: Sind sie nicht stark, mutig, selbstbewusst, durchsetzungsfähig? Haben sie denn keine Lust auf Gefahr, auf Abenteuer, nicht den Willen zu siegen? Wie kommt es, dass nur wenige – vor allem Sportlerinnen – dies beweisen können, Kraft, Mut, Nerven, Disziplin und Einsatzbereitschaft zeigen und dafür Anerkennung und Ehre erfahren?

Bei zunehmendem Platzmangel an der Spitze ist es praktisch – ein hervorragendes Selektionskriterium –, einen Teil

Bei zunehmendem Platzmangel an der Spitze ist es praktisch, einen Teil potentieller Konkurrenten qua Geschlecht auszuschließen.

potentieller Konkurrenten qua Geschlecht auszuschliessen. Wo es die patriarchalen Strukturen und Geschlechterstereotypen nicht mehr schaffen, wo Frauen es wagen, die Rollen aufzubrechen und in die Domänen des Mannes vorzudringen, dort ist Kampf angesagt.[10]

Frauen sind nicht per se „friedfertig".

Die wichtigste Analyse in der Bundsrepublik zum Thema geschlechtsspezifische Aggression wurde 1987 von der Psychoanalytikerin *Margarete Mitscherlich* unter dem Titel „Die friedfertige Frau" vorgelegt. Diese zeigt, dass Frauen nicht per se „friedfertig" sind, sondern dazu „gcmacht" werden. Wie Männer sind auch sie aggressiv, was jedoch meist anders zum Ausdruck kommt oder anders interpretiert wird. Während männliche Aggression sadistisch sei, nehme die weibliche masochistische Formen an. Männer wehren sich gegen Ängste, indem sie sich Sündenböcke und Rivalen schaffen, auf die sie ihre Aggressionen und Vergeltungsphantasien projizieren und dann schuldfrei ausleben können. Denn die geschlechtsspezifische Sozialisation gesteht Jungen Gefühlsabwehr und Aggression offen zu. Mädchen dagegen werden von Müttern und Vätern, Schule und Gesellschaft gleichermaßen zu Aggressionslosigkeit erzogen. Sie lernen, dass die Beziehungen zu ihren Mitmenschen wichtiger sind als Machtstreben, wodurch sie abhängig und verletzbar werden. Da aggressives Verhalten von Anfang an negativ sanktioniert wird, versuchen Mädchen und Frauen, ihre Aggression zu unterdrücken, sie wird verborgener, sucht versteckte Ventile. Untergründige Aggressionen werden in „Vorwurfs- und Opferhaltungen" umgewandelt, in für die Betroffenen wie für die Umwelt „wenig erfreuliche passive Aggression" (*Mitscherlich* 1987: 9). Diese indirekte Aggression wird oft als hinterhältig wahrgenommen, da sie unerwartet und fast überfallartig von diesem „friedfertigen" Wesen ausgeht und offenbar in keinem direkten Zusammenhang steht.

Mädchen werden von Müttern und Vätern, Schule und Gesellschaft gleichermaßen zu Aggressionslosigkeit erzogen.

Doch selbst wenn Aggression offen gelebt wird, spricht man nicht − wie sonst − von Rivalitätsaggression, sondern von Neid und Eifersucht. Dies sind „weibliche" Eigenschaften, die negativ bewertet werden und zudem das Selbstwertgefühl unterminieren. Aber vielleicht dienen sie in unserer männderdominanten Gesellschaft nur dazu, die „eigenen Neid- und Eifersuchtsgefühle abzuwehren"? (*Mitscherlich* 1987: 25).

Während Männer sich gern mit Aggressionsäußerungen schmücken, wird dies Frauen, die es wagen, offen aggressiv zu sein, nicht zugestanden. Und „indirekte Aggression" kann nicht stolz machen, ist sie doch „verquer" und außerdem Ausdruck eines sozial niedrigen Status (vgl. *Rohde-Dachser/ Menge-Herrmann* 1995).

Da es Frauen nichts „nützt", männliche Muster nachzuahmen und die „Friedfertigkeit" auch nicht weit führt, müssen sie den Balanceakt der eigenen Durchsetzungsfähigkeit üben und die beschwerliche Gratwanderung nach oben auf eigenes Risiko wagen.

Immer wieder wird gefragt, warum Frauen Angst vor der Macht haben. Dies ist zum Teil gerechtfertigt, denn: „Wer als Frau Macht hat, muß mit Liebsverlust rechnen. Eine solche Frau ist oft nicht nur dem Hass der Männer, sondern auch dem der Frauen, die sich machtlos fühlen, ausgesetzt." (*Mitscherlich* 1987: 9) Die Angst kann real sein, haben doch Frauen wenig Erfahrung mit der Ausübung gesellschaftlicher Macht und werden auch dafür nicht erzogen. Andererseits ist diese Feststellung auch ein Trick, um die bestehenden Machtverhältnisse aufrechtzuerhalten. Außerdem versucht man – Politik und Psychologie gleichermassen – „die Frau davon zu überzeugen, dass sie die Macht in der Familie besitze. Nur indem sie diese Macht sanft ausübe, könne sie die bösen Verhältnisse in dieser Welt ändern. Allzu leicht lassen sich Frauen von solchen klischeehaften Verdrehungen der Wirklichkeit beeinflussen und beteuern dann schuldbewusst, dass sie doch gar keine Macht wollen." (*Mitscherlich* 1987: 10)

Immer wieder wird gefragt, warum Frauen Angst vor der Macht haben.

Jedoch gestehen Frauen, die auf der Karriereleiter schon weit nach oben geklettert sind, freimütig ihre Machtgelüste ein, geben zu, dass Macht Spaß macht.[11]

Frauen, die auf der Karriereleiter schon weit nach oben geklettert sind, gestehen freimütig ihre Machtgelüste ein.

Dabei erzeugen die Karriere(Power-)frauen, die ihre zugeschriebene Rolle verlassen, die „Mütterlichkeit" aufkündigen, selbstbewusst um Machtpositionen konkurrieren, bei Männern „ohnmächtige Angst und Wut" (*Mitscherlich* 1987: 16), die dies jedoch nicht zugeben. Gerät doch damit das eigene Lebensgehäuse ins Wanken: Der Konkurrenzkampf wird nicht nur durch mehr TeilnehmerInnen und oft nicht vertraute Verhaltensweisen härter; auch müssen Frauen differenzierter

Vielleicht hat auch die eigene Frau zu Hause andere Ambitionen?

wahrgenommen werden, und vielleicht hat auch die eigene Frau zu Hause andere Ambitionen?

Wichtig ist in bezug auf Erfolg die Erkenntnis, dass — wenn Selbstbehauptung nicht erlaubt ist — die eigenen Interessen auf Umwegen durchgesetzt werden. Das allerdings verbraucht psychische Energie, die „nicht mehr zur Verfügung steht und die Durchsetzung des ursprünglichen Ziels (...) erschwert oder unmöglich macht." (*Rohde-Dachser/Menge-Herrmann* 1995: 81)

Mitscherlich rät Frauen zu lernen, mit ihren Aggressionen bewusster umzugehen. Denn: „Konfliktfreies und aggressionsloses Miteinanderleben wäre ein Pseudoparadies, in dem man, sofern es denn erreichbar wäre, wahrscheinlich vor Langeweile zugrunde gehen würde." (*Mitscherlich* 1987: 11)

Welcher Motor befördert Frauen?

Wie können auf „Friedfertigkeit" getrimmte Frauen es dennoch schaffen, ein starkes Selbstvertrauen zu erlangen und so durchsetzungsfähig zu werden, dass sie die Führungsetagen und damit die Macht erobern?

Ratgeberliteratur hat Konjunktur. Mit witzigen Titeln wie „Gute Mächen kommen in den Himmel, böse überall hin" (*Ehrhardt* 1994) — ein Buch, das schon seit Monaten zu den Bestsellern zählt, sollen Frauen lernen, ihre Schwächen zu überwinden. Eine neue Veröffentlichung aus den USA entdeckt gar den italienischen Schriftsteller des ausgehenden 15. Jahrhunderts, der politische Macht von den bis dahin geltenden ethischen Normen befreite und dessen kolportierte Lehren sich in Führungskreisen großer Beliebtheit erfreuen: „Machiavelli für Frauen. Strategie und Taktik im Kampf der Geschlechter" (*Rubin* 1998) ist in kürzester Zeit unter die ersten 10 der Sachbuch-Bestseller-Liste des SPIEGELS aufgestiegen. Allerdings ist guter Rat teuer und in der Populärliteratur zu banal oder peinlich und abstrus. Welcher qualifizierten Frau könnte es ernsthaft dienen, sich als Fürstin von der Machiavella (*Harriet Rubin*) mit 18 „Taktiken der großen kriegerischen Fürstinnen" für den „Krieg" rüsten zu lassen? Ist doch ihre Definition schon reichlich schwammig: „Dieses Buch handelt vom Krieg als dem Weg zur Macht. Mit Krieg meine ich Konflikt, und mit Konflikt meine ich eine bestimmte Art der Beziehung zu anderen, zu Ihnen selbst und zur Welt. Konflikt bedeutet Kontakt – er braucht Macht und baut Macht auf." (*Rubin* 1998: 11)

Frauen müssen also ihre Skrupel verlieren, sich stark machen und sich trauen, um die guten Positionen zu kämpfen. Und Männer sind ja gar nicht so. Sie öffnen ihre Waffenkammern, lassen Frauen nicht nur Einblick nehmen, sondern bieten ihnen auch „wohlfeil" Beratung und Trainingsprogramm an. Aber kann denn der Rat von Aussteigern aus dem Olymp des Topmanagement, die aus dem Nähkästchen plaudern, von Managementberatern oder Personaltrainern wirklich befolgt werden oder erweist er sich nicht eher als Bumerang: Können Frauen siegen, endlich den Durchbruch in die Elite schaffen, wenn sie ebenso fies, brutal und gemein handeln wie Männer?

Frauen müssen ihre Skrupel verlieren, sich stark machen und sich trauen, um die guten Positionen zu kämpfen.

„Auf die Frage 'Was müssen Frauen lernen, was Männer beherrschen?' antwortet *Gerd Gerken,* einer der bestbezahlten Managementberater Deutschlands: 'Den kriegerischen Weg. Schauen, was Sache ist. Wo Blut ist, ist Blut – und nicht Marmelade. Wer führen will, muß verletzen.'" (*Müller-Mees* 1993: 154) Vorsicht ist geboten, denn die Interpretationsmacht liegt bei Männern, die von Frauen anderes erwarten und gleiches anders wahrnehmen und bewerten. Der „Blick" der Umwelt ist entscheidend, des situativen setting, nicht in erster Linie das Verhalten der Frauen. Auch kommt Durchsetzungskraft mit einer Frau „anders daher", hat eine andere Gestalt. Außerdem können Frauen in der Domäne des Mannes nie so gut sein wie dieser. Wenn sie dieselben aggressiven Methoden anwenden, laufen sie ins offene Messer derjenigen, die eh schon da sind oder immer schon den leichteren Weg haben, von klein auf trainieren, die Waffen schneller zu ziehen: die smarten, dynamischen, rücksichtslosen Jungkarrieristen.

Vorsicht ist geboten, denn die Interpretationsmacht liegt bei Männern.

Als Kontrast dazu fällt ein anderer Buchtitel ins Auge: „Wenn Frauen zu viel arbeiten" (*Schreiner* 1997), warnt vor den Kosten des beruflichen Erfolgs. So kann es gehen: „Ganz oben und doch nicht glücklich". Als müßten Frauen nicht schon immer schuften – ohne Glück und meist auch noch ohne gesellschaftliche Anerkennung. Das Burn-Out-Syndrom sei zwar ein typisches Manager-Phänomen, aber Frauen seien dafür noch anfälliger, da sie es allen recht machen und von allen geliebt werden wollen. Also: Lieber die Finger davon lassen!

Männer aus der Führungselite können gar nicht genug bekommen.

Allerdings scheint das Risiko – das Glück nicht zu finden oder aber „auszubrennen" – Männer nicht abzuschrecken, die Spitze zu erklimmen und dort auch zu bleiben. Ergebnisse der *Hoppenstedt*-Studie – die schon seit Jahren die Entwicklung in den Führungsetagen verfolgt – zeigen, dass Männer von da oben, aus der Führungselite, gar nicht genug bekommen können. „Im Durchschnitt (...) zählen die Unternehmer, Vorstände und Verbandschefs der deutschen Wirtschaft 57 Lenze. Eigentlich sollte man ja denken, dass die harten Chefposten geprägt von unzähligen Geschäftsessen, Fernreisen und Debattierrunden das Leben verkürzen. Aber weit gefehlt: Im Frührentneralter legen etliche Bosse erst richtig los (...) Wenn die Frauen erst einmal mitbekommen, wie alt man in der Chefetage werden kann, dürften sie zum Sturm ansetzen." (DIE ZEIT, 22.8.1997: 26) Ach, wenn das so einfach wäre!

Der Rückzug ins Private hat einen hohen Preis.

Die Machtverhältnisse, die Frauen strukturell keine Gleichberechtigung zubilligen (gesellschaftliche Arbeitsteilung, Diskriminierung im Beruf) und die Internalisierung der Geschlechtsrollen in der Sozialistion machen deutlich, dass es keine Patentrezepte geben kann. Denn Frauen müssen an mehreren Fronten kämpfen: für ein Ziel, gegen Strukturen, gegen Machos, gegen den Neid anderer Frauen und gegen die eigenen verinnerlichten Stereotypen. Und nur bei bewusster Lebens- und Karriereplanung kann die subtile Falle, die bis zu einem bestimmten Alter lauert, umgangen werden: Die lockende Alternative, die „eigentliche" Rolle zu übernehmen. Doch hat der Rückzug ins Private einen hohen Preis, der oft erst zu spät erkannt wird.

„Viele starke Frauen sind Söhne ihrer Väter."

Wie die Biographien vieler erfolgreicher Frauen zeigen, spielen Väter in der Sozialisation eine entscheidende Rolle, indem sie das Selbstbewusstsein der Tochter stärken, sie in die „männlichen" Spielregeln einweihen, ihre beruflichen und sozialen Beziehungen für sie einsetzen: „Viele starke Frauen sind Söhne ihrer Väter." (*Müller-Mees* 1993: 161) Merkwürdigerweise erfahren erfolgreiche Männer erst über ihre Töchter, dass die Chancen ungleich stehen. Allerdings meist ohne die Konsequenz, selbst für strukturelle Chancengleichheit einzutreten.

Entscheidend ist die Förderung durch Mentoren, die schon oben sind, sowie durch Anerkennung der MitarbeiterInnen. Doch ist Vertrauen in weibliche Führungskräfte bei weitem nicht selbstverständlich. So lehnten z.B. bei einer Umfrage 60% der jungen Männer zwischen 20 und 30 Jahren eine Frau als Vorgesetzte ab (DER SPIEGEL 9/1998: 134) und auch Frauen arbeiten lieber unter männlicher Leitung. „Bei der Frage, ob sie sich lieber einen Mann oder eine Frau als Chef wünschen, entschieden sich 65 Prozent aller Franzosen sowie 45 Prozent aller Amerikaner und Deutschen – Männer und Frauen – für das vermeintlich starke Geschlecht. Einen weiblichen Chef zogen gerade mal 17 bis 20 Prozent der Befragten vor." (DIE ZEIT, 5.4.1996, S. 24)

Vertrauen in weibliche Führungskräfte ist bei weitem nicht selbstverständlich.

Weibliche Identifikationsfiguren fehlen immer noch und auch wirksame Seilschaften, obwohl in unterschiedlichen Berufsfeldern vielfältige Netzwerke entstanden sind, wenn auch kaum in den oberen Etagen – aus Mangel an Masse.

Weibliche Identifikationsfiguren fehlen und auch wirksame Seilschaften.

Wie können Frauen aber doch die „positive Aggression" nutzen? Wie können sie die versteckte Aggression überwinden, die die Ohnmacht gebiert, die sublime Gewalt und den Psychoterror der nichtemanzipierten Frau? Zunächst müssen sie sich ihrer Aggressionen bewusst werden, dann versuchen, sie in „geeignete Bahnen" zu lenken – und nicht untereinander oder gegen sich selbst ausagieren.

Müssen sie sich an männlich definierte Anforderungen anpassen, auf die Gefahr, in eine neue Falle zu tappen?, denn: „Wenn zwei das gleiche tun, ist es noch lange nicht dasselbe" (*Müller-Mees* 1993). Aber können Gegenentwürfe in dieser männerdominierten Gesellschaft überhaupt erfolgreich sein?

Auf jeden Fall ist klar: Frauen müssen sich „mit männlichen Führungs- und Machtstrategien auseinandersetzen" (*Schiersmann* 1994: 316); sie müssen die Spielregeln beherrschen, die Taktik und Rituale der Männer kennen, die Machtspiele, die Intrigen und Gemeinheiten durchschauen. Sie müssen lernen, damit umzugehen, sie für sich zu nutzen, versuchen, sie zu verändern, den Mut zu eigenen Definitionen entwickeln. Die „perfiden" Methoden müssen diplomatisch entlarvt werden, indem positiv etwas anderes gesetzt wird. Das gebietet geradezu die augenblickliche Forderung nach „nachhaltiger Entwicklung" und schonendem Umgang mit

Die „perfiden" Methoden müssen diplomatisch entlarvt werden, indem positiv etwas anderes gesetzt wird.

natürlichen und menschlichen Ressourcen. Das bedeutet aber nicht, dass Frauen per se die besseren Menschen sind oder sein wollen, was wiederum eine „positive" Diffamierung wäre, die ihnen von vorneherein den Wind aus den Segeln nimmt und sie aus dem Rennen wirft.

Karrierefrauen sind sich einig:

- Eine Frau muss sich klare Ziele setzen und diese öffentlich machen (nicht bescheiden auf „Entdeckung" warten).
- Sie muss diese zielstrebig verfolgen, selbstbewusst sein, mutig, entscheidungsfreudig und durchsetzungsstark,
- die eigene Autorität anerkennen und sie durchsetzen,
- die komparativen Vorteile – z.B. kommunikative und soziale Kompetenz – ausbauen und nutzen.
- Sie muss wissen, worauf es ankommt, auf Sachlichkeit drängen, sich nicht von anderen definieren lassen;
- Ausdauer trainieren,
- aufhören, perfekt sein zu wollen, Kritik und Fehler leichter hinnehmen,
- sich nicht von eigenen Zweifeln irritieren lassen,
- sich nicht von Lob oder Kritik anderer abhängig machen,
- nicht von allen geliebt werden wollen und

- sich Spaß an der Macht zugestehen.

Allerdings ist dies nicht leicht, denn Frauen ganz oben sind „Exoten" und eher einsam; anders als ihre Kollegen können sie nicht selbstverständlich mit Anerkennung aus den eigenen Reihen, dem größeren gesellschaftlichen Umfeld, der eigenen Familie rechnen. Falls sie einen Mann zu Hause haben ist auch dieser häufig noch Konkurrent – der Feind im Bett. Und falls sie Beruf und Familie verbinden wollen, müssen sie effektiver, sachlicher und schneller arbeiten. Denn selbst wenn der private Bereich auf Sparflamme gehalten wird, muss er organisiert werden, während die männlichen Kollegen alles vollständig delegieren.

Frauen müssen eigene Strategien entwickeln, denn sie können sich nicht der Erkenntnis verschließen, dass es sich

36

um ein zerstörerisches System handelt. Sie müssen den Balanceakt wagen, die Führungsetagen zu erklimmen, ohne sich vereinnahmen zu lassen. Dazu gehört auch ein positives Verhältnis zu Macht und Hierarchie, denn sonst ist es nicht möglich, erfolgreich zu leiten. Entscheidend ist die geschickte Nutzung des komparativen Vorteils, der mit weiblichem Führungsstil umschrieben wird. Die Integration der kommunikativen und sozialen Kompetenz von Frauen in die Führungs- und Leitungstätigkeiten ebnen den Weg zu einer neuen Unternehmenskultur und sind für die Unternehmen (wenn auch nicht unbedingt für das männliche Management) von immensem Wert. Denn die Förderung der Motivation der MitarbeiterInnen, ihres Interesses an der Arbeit, ihres Verantwortungsbewusstseins und ihrer Kreativität wirkt sich direkt auf Produktivität und Wettbewerbsfähigkeit aus.

Positives Verhältnis zu Macht und Hierarchie, denn sonst ist es nicht möglich, erfolgreich zu leiten.

Es gilt, neben der Ansammlung von Wissen und Können – der Topqualifikation – Mut zu trainieren sowie Disziplin und Arbeitsvermögen gezielt einzusetzen. Dabei ist die Unterstützung männlicher Mentoren aus dem Vorgesetztenbereich notwendig, Wegbereiter in die oberen Sphären der Macht, die neue Mitglieder nur durch Kooptation gewinnen – wie es übrigens bei männlichen Nachwuchskräften selbstverständlich ist. Dabei ist offensichtlich, dass der „mächtige Mentor" dies nicht unbedingt aus paternalistischer Selbstlosigkeit tut; ein Nutzen könnte in der Stärkung der eigenen Position liegen. Aber auch der Austausch unter Kolleginnen ist wichtig sowie die gegenseitige Unterstützung und der Aufbau eigener Netzwerke. Denn irgendwie müssen auch Frauen ihre Ressourcen erneuern.

Gegenseitige Unterstützung und der Aufbau eigener Netzwerke.

Allein, die Entwicklung zeigt: Es reicht nicht, klug, kompetent und kämpferisch zu sein. Vielmehr müssen die strukturellen Barrieren beseitigt werden, die geschlechtsspezifische Arbeitsteilung und Machtstrukturen immer wieder auftürmen. Damit sich im Konkurrenzkampf auch diejenigen durchsetzen – Frau oder Mann, die wirklich besser sind.

Es reicht nicht, klug, kompetent und kämpferisch zu sein.

1) „Stern", Nr. 23, 28.5.1997

2) „ ... der antifeministische Rückschlag wurde nicht durch die Errungenschaft der Gleichheit für Frauen ausgelöst, sondern

durch die wachsende Möglichkeit, dass sie diese erringen könnten. Es ist ein vorgezogener Schlag, der Frauen lange vor Erreichen der Zielgeraden stoppt." (*eigene Übersetzung*)

3) „Der Pinsel der Liebe", noch nicht in Deutsch erschienen, zit. nach DIE ZEIT Nr. 25, 10. Juni 1998, S. 74

4) *Ostendorf* bezieht sich hier auf *Rastetter, Daniela* 1994: Sexualität und Herrschaft in Organisationen. Eine Geschlechtervergleichende Analyse, Opladen, S. 236

5) Aus einer Diskussionsrunde mit 7 Frauen aus unterschiedlichen Karriereberufen, die zur Vorbereitung des Artikels durchgeführt wurde.

6) Allerdings sind hier die männlich definierten Strukturen hinderlich, die alles der Arbeitswelt unterordnen. Diese können jedoch verändert werden, wie es Ende der 80er Jahre die norwegische Regierungsmannschaft mit einer Ministerpräsidentin und zur Hälfte weiblich vorführte: Plötzlich war es möglich, die wichtigen Regierungsgeschäfte so zu terminieren, dass noch Zeit zum Einkaufen blieb und das Kind vom Kindergarten abgeholt werden konnte. Allerdings bei einer staatlich organisierten Ganztagskinderbetreuung und Ganztagsschulen, die die Bundesrepublik sich „nicht leisten kann."

7) Aus einer Diskussionsrunde mit 7 Frauen aus unterschiedlichen Karriereberufen, die zur Vorbereitung des Artikels durchgeführt wurde.

8) Jäger waren überwiegend Männer, während Frauen für den Nachwuchs sorgten und sammelten, damit aber das Überleben sicherten.

9) vgl. dazu die Ausführungen von *Fromm, Erich* 1989: Aggressionstheorie Gesamtausgabe, Bd, VII, , München: dtv

10) s. die SPIEGEL-Serie: Der Geschlechterkampf, die mit der Nr. 9/23.2.98 begann.

11) Aus einer Diskussionsrunde mit 7 Frauen aus unterschiedlichen Karriereberufen, die zur Vorbereitung des Artikels durchgeführt wurde.

Literatur

Assig, Dorothea/Beck, Andrea 1998: Was hat sie, was er nicht hat? Forschungsergebnisse zu den Erfolgen von Frauen in Führungspositionen, in: Aus Politik und Zeitgeschichte B 22-23/98, S. 23-30

Bilden, Helga 1991: Geschlechtsspezifische Sozialisation, in: Hurrelmann, Klaus/Ulich, Dieter (Hg.): Neues Handbuch der Sozialisationsforschung. Weinheim u. Basel: Beltz Verlag, S. 279-301

Bischoff, Sonja 1996: Top-Arbeitgeber für Frauen. Wer sie sind, was sie bieten. Mannheim: Medialog

Ehrhardt Ute: Gute Mächten kommen in den Himmel, böse überall hin. Warum Bravsein uns nicht weiterbringt. Frankfurt/M.: Fischer 1994

Faludi, Susan 1991: Backlash. The undeclared war against American women. New York-London-Toronto-Sydney-Auckland: Anchor Books

Höhler, Gertrud 1997: Herzschlag der Sieger. Die EQ-Revolution. Düsseldorf-München: Econ

Hoppenstedt-Verlag Darmstadt, Frauen im Mangement, in: Presseinformation vom 7.12.1995

Mitscherlich, Margarete 1987: Die friedfertige Frau. Eine psychoanalytische Untersuchung zur Aggression der Geschlechter. Frankfurt/M.: Fischer

Müller, Ursula 1995: Frauen und Führung, in: Wetterer, Angelika (Hg.): Die soziale Konstruktion von Geschlecht in Professionalisierungsprozessen. Frankfurt/New York: Campus Verlag, S. 101-117

Müller-Mees, Elke 1993: Die aggressive Frau. Von Mannweibern, Sexbomben und Hausdrachen. Stuttgart und Wien: Weitbrecht Verlag

Neuberger, Oswald 1995: Führen und geführt werden. Stuttgart: Ferdinand Enke Verlag

Ostendorf, Helga 1996: Überlegungen zur Geschlechterpolitik staatlicher Institutionen – Die Chancen der Implementation frauenfördernder Bildungsprogramme, in: Zeitschrift für Frauenforschung, 3/96, S. 23-38

Rohde-Dachser, Christa/Menge-Herrmann, Karin 1995: Weibliche Aggression aus psychoanalytischer Sicht, in: Hamburger Arbeitskreis für Psychoanalyse und Feminismus (Hg.): Evas Biss – Weibliche Aggressivität und ihre Wirklichkeiten. Freiburg i.Br.: Kore, S. 73-96

Rubin, Harriet 1998: Machiavelli für Frauen. Strategie und Taktik im Kampf der Geschlechter. Frankfurt/M.: Krüger

Schiersman, Christiane 1994: Führungspositionen – vom männlichen Privileg zu weiblicher Domäne?, in: Beckmann, Petra/Engelbrech, Gerhard (Hg.): Arbeitsmarkt für Frauen 2000 – Ein Schritt vor oder ein Schritt zurück? Beiträge zur Arbeitsmarkt- und Berufsforschung 179, Nürnberg

Schreiner, Claudia 1997: Wenn Frauen zu viel arbeiten. Alles erreicht und nicht angekommen. München: dtv

Norbert Bolz

Machiavelli Consulting

Über das Innovative des Bösen

Kein Missverständnis bitte: Ich unternehme im folgenden nicht den sinnlosen Versuch, nach der Aktualität der Maximen *Machiavellis* für das moderne Management zu fahnden. Ich benutze den Namen *Machiavelli* im Titel meines Essays so wie der Philosoph *Mittelstrass* den Namen *Leonardos* für sein Konzept der Leonardo-Welt verwendet: als Metapher. *Leonardo* war der erste Moderne in der Welt des Wissens. *Machiavelli* war der erste Moderne in der Welt der Entscheidungen, und sein Fürst ist gleichsam der erste „executive". Wie *Leonardo* ist *Machiavelli* ein Wegweiser der Moderne – und Wegweiser stehen bekanntlich nicht da, wohin sie weisen. Es geht mir also gerade nicht um ein „Zurück zu *Machiavelli*", sondern um die Korrektur von Fehlweisungen – etwa in Richtung Menschenfreundlichkeit, Humanismus, Ethik oder gar Liebe.

Ich könnte meine Hauptthese auch so formulieren: Dem Management fehlt der Theodizee-Gedanke: die Zulassung des Bösen. Stattdessen sind die meisten in die Liebe verliebt und wollen dem Gesetz des Herzens folgen. Aber es gibt kein Management by love. Von den Theologen könnten die menschenfreundlichen Manager lernen, dass der Sündenfall ein Glücksfall war. Mit anderen Worten: Gott hat den Teufel gebraucht, um die Welt so attraktiv und funktionsfähig zu machen, wie sie ist. Gott ist ja der Eine, der alles gut gemacht hat – der Teufel setzt dagegen die Differenz, die Distanz des Beobachters. Advocatus diaboli nennt man deshalb den Fürsprecher dessen, der unterscheidet; er ist der Anwalt des Beobachters, der das System von außen betrachtet. Aus dem Theologischen ins Politische und Wirtschaftliche übersetzt, heißt das: Das Denken der Einheit setzt auf Konsens, Verstehen und Solidarität. Das Denken des Unterschieds setzt auf Streit, Missverständnis und Wettbewerb.

Es gibt kein Management by love. Von den Theologen könnten die menschenfreundlichen Manager lernen, dass der Sündenfall ein Glücksfall war.

*Nach der Emanzipa-
tion der Sexualität
arbeitet unsere Kultur
jetzt an einer
Entübelung der
Aggressivität.*

Dass die Umstellung von Liebe auf das „Böse", von Einheit auf Differenz, von Konsens auf Dissens möglich ist, läßt sich aus einer Vielzahl von Symptomen erschließen, die sich alle einfügen in einen kulturgeschichtlichen Prozess, den der Philosoph *Odo Marquard* als „Entbösung des Bösen" bezeichnet hat; man denke nur an Bad Taste Movement, die Karriere des Kitschs, Trash-Ästhetik und den massenmedialen Triumphzug der bösen Mädchen. Das Lob des Bösen ist die neue Form der Kulturkritik — statt zu widersprechen, spielt man mit Übertretungen. Böse ist cool. Man darf deshalb diagnostizieren: Beim Sex ist die Entbösung in den 70er Jahren gelungen. Und nach der Emanzipation der Sexualität arbeitet unsere Kultur jetzt an einer Entübelung der Aggressivität.

1. Die Phantome der Ethik

*Moral verhindert
Innovationen.*

Alle reden von Moral — wir nicht. Wer sich nicht an Ethikkommissionen beteiligt oder neue Werte anmahnt, setzt sich aber leicht dem Verdacht aus, unmoralisch oder gar „böse" zu sein. Und das war ja eben schon das Schicksal *Machiavellis*; sein „Vergehen" war, dass er Politik politisch organisieren wollte — und nicht ethisch oder theologisch. Modern ist ein System nämlich genau dann, wenn es in seiner Selbstorganisation keine Rücksicht mehr auf die Werte und Codes anderer Systeme mehr nimmt. Vor allem die Phantome der Ethik haben Modernisierungsprozesse immer wieder blockiert. Denn Moral verhindert ein funktionalistisches Bewusstsein von Alternativen — d.h. letztlich: Moral verhindert Innovationen.

*Wenn wir uns alle
liebhaben, werden die
Probleme unbenenn-
bar, ja unsichtbar.*

Wenn man nicht weiter weiß, sich aber auch nicht ändern will, ruft man nach Werten. Moralische Sollensforderungen an die Realität markieren also genau die Stellen, an denen eine Gesellschaft nicht lernbereit ist. Mit Werten macht man dann Probleme unsichtbar. Deshalb führen Business Ethics in eine Sackgasse. Man kann es auch so sagen: Menschenfreundlichkeit schadet den Unternehmen. Denn wenn wir uns alle liebhaben, werden die Probleme unbenennbar, ja unsichtbar. Die Menschenfreundlichkeit lenkt vom zentralen Thema der modernen Gesellschaft ab: Komplexität.

Und für diese Ablenkung, für diese Betäubung durch die Phantome der Ethik muss man teuer bezahlen. Der Preis ist ein doppelter: Man verliert an Freiheit und wird gestresst. Stress entsteht nämlich nicht durch Überarbeitung, sondern durch Probleme, die man nicht sehen will. Und Freiheit ist der Wert, der durch Werte gefährdet wird. Der Ruf nach Ethik fordert ja immer Beschränkungen, Verbote und Tabus. Ein nüchterner Beobachter kann hier leicht das „böse" Potential der Gutmenschen erkennen. Gerade auch das ethische Ideal ist ein Inkognito der Aggression. Die Gutmenschen hassen die Freiheit der anderen und verkaufen diesen Hass als Liebe zur Menschheit.

2. Rivalen und Feinde

So viel zur Blockierung von Modernität durch die Phantome der Ethik und das Böse des Guten. Moral ist, um ein schönes Wort von *Karl Kraus* zu modifizieren, selbst die Krankheit, als deren Heilung sie sich ausgibt. Nun muss man kein Psychologe oder Soziologe sein, um die Dinge anders zu sehen. Es genügt, statt an die Rhetorik des Humanismus, an das Dogma von der Erbsünde zu glauben. Wir sind allzumal Sünder und Kinder *Kains*. Oder um es ganz untheologisch zu formulieren: Das Zwischenmenschliche ist im Kern destruktiv. Der Nächste ist mein Rivale.

Wir sind hier nicht in der Welt der Bedürfnisse und ihrer immer vollkommeneren Befriedigung, sondern in der Welt der Wünsche und ihrer ewigen Unerfüllbarkeit. Der Rivale ist mein Modell — sein Wunsch zeigt mir das Objekt meines Begehrens. Shock your neighbour, hieß es einmal in einer Werbung von *Rover*. Begehrenswert ist, was mein Rivale sich wünscht. Und diese Dialektik des Begehrens funktioniert deshalb so unwiderstehlich, weil wir uns darüber keine Rechenschaft ablegen können. Mit anderen Worten: Der Wunsch ist der blinde Fleck der Selbstbeobachtung. Deshalb ist es auch sinnlos, zu fragen, was der Kunde wünscht. Das weiß er erst, wenn er es sieht — nämlich bei anderen.

Der Rivale ist mein Modell - sein Wunsch zeigt mir das Objekt meines Begehrens.

Der Konsum ist wohl die friedlichste Form des Umgangs mit den heißen Wünschen. Man kann Ersatzobjekte für das unerreichbare und deshalb obskure Objekt des Begehrens kaufen. Solange das Begehren aber nicht anerkannt und derart — nicht befriedigt, sondern: befriedet ist, sehe ich es nur im Anderen. Deshalb ist der Andere und erst recht der Näch-

Kinderspiel, Politik oder wirtschaftlicher Wettbewerb - ihr gemeinsames finsteres Geheimnis ist die Rivalität des Begehrens.

ste mein Rivale, mein Konkurrent. Ein Blick auf Kinder genügt, um zu sehen, dass man etwas will, weil es der Andere hat. Man will eigentlich nicht das Objekt, sondern die Anerkennung des eigenen Begehrens. Und ob Kinderspiel, Politik oder wirtschaftlicher Wettbewerb – ihr gemeinsames finsteres Geheimnis ist die Rivalität des Begehrens.

Finster nenne ich dieses Geheimnis, weil in der Rivalität des Begehrens Gewalt lauert. Auch hier belehrt uns ein Blick auf die kleinen Spieler im Kinderzimmer oder die Global Players der Weltgesellschaft: Die Gewalt wertet die Objekte auf. Und das hat eine Konsequenz, die sich in den alltäglichen Nachrichten zwischen Ausländerhass und Sexualmord chiffriert: Ein Begehren, dass keine Anerkennung findet, schlägt um in die Zerstörung des Anderen. Zerstörung ist eine fundamentale Art, sich zum Herrn zu machen. Und auch hier erweist sich immer deutlicher, dass das, was die Gutmenschen als Heilmittel verordnen, selbst die Krankheit ist. Im Klartext: Der Verlust der Unterschiede erzeugt die Rivalität, für die dann die Unterschiede verantwortlich gemacht werden. Gerade der moderne Gleichheitsgrundsatz erzeugt also Gewalt.

Blick ins allseits gelobte Land Amerika zeigt, dass man dort nur deshalb auf Hierarchien verzichten kann, weil um so unerbittlicher Hackordnungen gelten.

Wer das begriffen hat, muss eigentlich in ein Lob der Institutionen einstimmen. Denn Institutionen ritualisieren die Rivalität. Nun funktioniert natürlich keine Institution ohne Hierarchie – und die ist heute unpopulär, weil unfundamentaldemokratisch. Alle Welt fordert Heterarchien, oder doch zumindest die Abflachung von Hierarchien – in dem Glauben, dann seien alle an der Macht, niemand mehr Knecht und die Kompetenz allein trage den Sieg davon. Nichts ist naiver. Denn gerade der genauere Blick ins allseits gelobte Land Amerika zeigt, dass man dort nur deshalb auf Hierarchien verzichten kann, weil um so unerbittlicher Hackordnungen gelten. Alle sind Bob und Jane, aber man darf keine Sekunde vergessen, wer wann was sagen und wer wen feuern kann. Formelhaft gesagt: Je weniger Institutionen herrschen, desto unbarmherziger erstrahlt der Alltag im Licht der *social comparison*.

Der Bessere und stolz auf das verdiente Geld zu sein, ist in Amerika bekanntlich selbstverständlich, während wir in Deutschland nicht über Geld sprechen, weil es unser Gott ist, und sichtbaren Erfolg mit Sozialneid stigmatisieren. Schwache Institutionen, Heterarchien und Hackordnungen setzen voraus, dass in einer Gesellschaft positive Begriffe von Ruhm und Erfolg umlaufen. Schon *Clausewitz* hatte aber bemerkt, dass die Deutschen Ehre und Ruhm nur in der denunziatorischen Fassung als Ehrgeiz und Ruhmsucht kennen. Vielleicht ist das der massivste Grund dafür, dass wir Schwierigkeiten haben, zu erkennen, dass es in der Welt nicht nur Subjekte und Objekte gibt, sondern auch den Dritten. Gemeint ist der Rivale − das große Thema *Girards*. Aber auch der Parasit − das große Thema *Michel Serres'*, auf das ich noch zu sprechen komme.

Schon Clausewitz hatte aber bemerkt, dass die Deutschen Ehre und Ruhm nur in der denunziatorischen Fassung als Ehrgeiz und Ruhmsucht kennen.

Jede Beobachtung setzt eine Unterscheidung voraus − d.h.: geheime Gegnerschaft. Mit welcher Unterscheidung beobachtet ein Wettbewerber den Markt? In aller Deutlichkeit operiert etwa Bill Gates mit der Unterscheidung Freund/Feind. Das hat ihn reich und berühmt, aber auch verhasst gemacht. Man muss sich nur an den Versuch einer „feindlichen Übernahme" von *Thyssen* durch *Krupp* erinnern, um zu sehen, wie empfindlich die deutsche Öffentlichkeit auf diese Unterscheidung reagiert. Zumal die *Grünen* und die linken *Sozialdemokraten* kennen keine Feinde mehr. Nur der Spielfilm darf hierzulande noch zwischen Freund und Feind unterscheiden.

Für diesen Unwillen, zwischen Freund und Feind zu unterscheiden, gibt es nicht nur historische, sondern auch gute soziologische Gründe. Denn Modernität heißt eben auch, dass sich der Kampf, der dann Herren von Knechten unterschied, sich längst zur Konkurrenz um einen Dritten gewandt hat, nämlich den Konsumenten. Oder anders gesagt: In der modernen Welt wird der politische Feind dissoziiert in den ökonomischen Konkurrenten und den ethischen Diskussionsgegner. Den Marktfrieden kann man dann als Erfüllung des christlichen Gebots, den Feind zu lieben, interpretieren. Die letzten identifizierbaren Feinde der Vergangenheit haben sich, endlich besiegt, in Hypotheken verwandelt (die Lehre des Kalten Krieges). Und von der Zukunft lässt sich nur sagen: Man kann den Feind erst erkennen, wenn er angreift. All das verführt heute auch intelligente Köpfe wie *Jacques Derrida* dazu, von einer Politik der Freundschaft zu träumen.

In der modernen Welt wird der politische Feind dissoziiert in den ökonomischen Konkurrenten und den ethischen Diskussionsgegner.

3. Das Böse

Wenn der Mensch von Natur aus böse ist, gibt es gar keine bösen Lüste - nur der Gebrauch bestimmt ihren Wert.

Wenn man Kulturanthropologen glauben darf, war der Gruß ursprünglich eine Drohgebärde. Das ist ein schöner Beleg für *Nietzsches* These, Kultur sei nur das dünne Apfelhäutchen über glühendem Chaos, und kein zivilisatorisches Raffinement könne den Grundtext löschen: *homo natura*. Wie seine Feinde, die Christen, ging *Nietzsche* ja davon aus, dass der Mensch von Natur aus böse ist. Nur klang das in seinen Ohren als frohe Botschaft. Das macht schon deutlich, dass man aus ein und derselben Diagnose höchst unterschiedliche Therapievorschläge ableiten kann. Etwa: Weil der Mensch von Natur aus böse ist, soll er aus der Natur austreten, *antiphysis* sein. Oder: Wenn der Mensch von Natur aus böse ist, gibt es gar keine bösen Lüste — nur der Gebrauch bestimmt ihren Wert. Unsere postmodernen Grunderfahrungen wären dann identisch mit den Grundverfehlungen des antiken Gebrauchs der Lüste: Exzess und Passivität. Das Urteil „böse" markiert demnach ein Managementproblem, das schon *Freuds* berühmter Vergleich von Ich und Es mit Reiter und Pferd im Auge hatte. Das ist übrigens ein Bild kybernetischer Kontrolle und deutet an, dass es in der Kybernetik um die Entübelung des Teufelskreises geht.

Kurzum: Die Wirtschaft verwandelt böse Absichten in gute Folgen.

Doch nicht nur im Selbstverhältnis des Menschen stellt sich die Aufgabe eines Managements des Bösen. Das bis heute unübertroffene Modell für soziale Systeme liefert *Mandevilles* Bienenfabel mit der Zauberformel: *Private Vices, Public Benefits*. Die Laster des einzelnen schlagen dem Ganzen positiv an. Der Geist, der stets das Böse will und stets das Gute schafft, scheint der ökonomische zu sein. Kurzum: Die Wirtschaft verwandelt böse Absichten in gute Folgen.

Das Grundprinzip der modernen Demokratie lässt sich deshalb mit Friedrich von Hayek so formulieren: die Köpfe zählen, damit man sie nicht einschlagen muss.

Genau umgekehrt liegen die Dinge in einem anderen Teilsystem der Gesellschaft. Die Politik verwandelt gute Absichten in böse Folgen. Der Krieg aller gegen alle entsteht daraus, dass jeder nur das allgemeine Beste will. Dieses Problem hat die moderne Gesellschaft durch eine strikte Formalisierung gelöst: Man behandelt die Mehrheit *als ob* sie die Wahrheit hätte — *bis auf weiteres*. Das Grundprinzip der modernen Demokratie lässt sich deshalb mit *Friedrich von Hayek* so formulieren: die Köpfe zählen, damit man sie nicht einschlagen muss. Mit Diskussion, Verstehen und besseren

46

Argumenten hat das herzlich wenig zu tun. Konsens ist Nonsens. Wem das als kalt und rücksichtslos erscheint, der hat durchaus recht. Denn moderne Systeme sind funktional ausdifferenziert. Und funktional ausdifferenziert heißt immer auch: rücksichtslos gegen andere. Wie jeder Mensch hält sich auch jedes System für den Nabel der Welt.

4. Das Neue

Gute Menschen und gute Taten sind — so sehr wir sie brauchen und ehren — eigentümlich unattraktiv und langweilig. Wie kommt das? Warum wird das, was unsere Kultur als gut deklariert, nicht begehrt? Als böse bezeichnet man ja das Verbotene — also das, was glücklich macht! Und bis heute fasziniert uns alles, was die Kultur mit einem Bann belegt. Diese Erfahrung mit der Kultur hat *Freud* so pessimistisch über ihre Zukunft gemacht — und *Nietzsches* „Mut zum Verbotenen" provoziert. Seither gibt es einen Kult des Bösen, der das Sakrament durch das Sakrileg ersetzt.

Künstlern und anderen Jugendlichen mag das genügen. Doch welchen Platz räumt unsere erwachsene Kultur den Kräften des Bösen ein? Da ist es hilfreich, sich daran zu erinnern, dass das Mittelalter die Neugier in den Lasterkatalog aufgenommen hat. Das Neue — ein für moderne Menschen selbstverständlich positiver Wert — war also einmal gefährlich, bedrohlich, ja böse. Nietzsche erinnert daran, wo er von der „Infektion des Neuen" spricht. Das Neue ist das Böse als der Gegensatz des Herkömmlichen — genau wie der freie Geist. Wer neue Werte schreibt, erscheint deshalb immer als böse. Kein Wertewandel ohne die Zerstörung alter Tafeln.

Deshalb gleicht es einer Sysiphos-Arbeit, ein System mit einer neuen Idee zu infizieren, denn sie erscheint jedem Funktionär des Systems als Feind. Dem ängstlichen Blick auf die neue Idee entspricht in genauer Umkehrung der böse Blick auf den blinden Fleck. Es gibt ja Manager, weil sich die Produktion nicht selbst koordinieren kann. Es gibt Aktionäre, weil die Kontrolleure nicht finanzieren können. Und es gibt Unternehmensberater, weil man diese blinden Flecke als wunde Punkte deuten kann. Seinem bösen Blick zeigt sich: Der Manager stört den Betrieb. Der Unternehmensberater delegitimiert also das Management — und muss damit rechnen, vom Theoretiker als Guru entlarvt zu werden. Dessen bösem Blick zeigt sich dann: Unternehmensberatung ist eine Profession, die ihren Klienten zu allererst konstituiert – nämlich die marode Firma! So wie der Arzt den Kranken definiert. (Übrigens: Wenn ein Unternehmensberater „die in ihn gesetzten Erwartungen erfüllt", heißt das: er hat den Narzismus des Managements bedient. Jede „richtige" Antwort enttäuscht!)

5. Blinde Flecke und hilfreiche Fehler

Der blinde Fleck ist die Leiche im Schrank.

Der böse Blick für den blinden Fleck ersetzt heute das „kritische Bewusstsein". Wir werden also keineswegs „affirmativ". Genaues Beobachten ist die höchste Form der Verachtung. Aber auch auf der emotionsfernen Ebene der Erkenntnistheorie tritt an die Stelle von Kritik heute eine Theorie des blinden Flecks. Wenn es erlaubt wäre, eine Metapher durch eine zweite zu erläutern, könnte man sagen: Der blinde Fleck ist die Leiche im Schrank. Blinder Fleck heißt nicht einfach, dass man etwas nicht sehen kann, sondern: dass man nicht sehen kann, dass man nicht sehen kann, was man nicht sehen kann.

Und nur der Unangepasste ist anpassungsfähig.

Der blinde Fleck lähmt uns, weil wir ihn nicht sehen können, d.h. weil er sich nicht als solcher bemerkbar macht. Wenden wir das auf die Welt der Wirtschaft an, so besagt das: Gerade die Effektivität eines Produktionsprozesses vergrößert den blinden Fleck einer Firma. Je besser es läuft, desto geringer wird die Fähigkeit, sich an das Unvorhergesehene anzupassen. *Karl Weick* hat das auf die Zauberformel gebracht: *adaption precludes adaptivity*. Das Gegenteil von Angepasstheit ist nämlich nicht eitler Nonkonformismus, sondern Anpassungsfähigkeit. Und nur der Unangepasste ist anpassungsfähig.

Die Begegnung mit der Zukunft ist der Fehler. Und das zwingt zum Umdenken.

Schon vor Jahrzehnten hat *Friedrich von Hayek* gesehen, dass nur der in der Weltwirtschaft bestehen kann, der sich an das Unvorhersehbare anpassen kann. Wenn aber das, was niemand erwarten konnte, geschieht, ist es wahrscheinlich, dass man Fehler macht. Prinzipieller formuliert: Die Begegnung mit der Zukunft ist der Fehler. Und das zwingt zum Umdenken. So wie man im Märchen die hässliche Kröte küssen muss, um einen schönen Prinzen zu bekommen, so muss man in der Wirtschaft den bösen Fehler küssen – dann verwandelt er sich in eine wichtige Informationsquelle über die Zukunft. Um es mit einer Metapher zu sagen: Wenn man zu Fall gebracht wird, muss man versuchen, fallend die Fallgesetze zu studieren.

Das Unternehmen der Zukunft braucht eine Kultur der Fehlerfreundlichkeit. Wer nämlich keine Fehler macht, verliert seine Anpassungsfähigkeit und gerät in die Falle der Überspezialisierung. Das ist eine der großen Lektionen der Evolutionstheorie. Mutationen sind ja stabilisierte Reproduktionsfehler – die Evolution macht also durch Fehler Fortschritte. Überhaupt stimmt das *loose coupling* der Ökologie optimistisch: Natur ist viel fehlerfreundlicher als die Technik. Deshalb suchen wir die orientierenden Modelle für Organisation nicht mehr nur in der Technik, sondern zunehmend in der Natur.

Das Unternehmen der Zukunft braucht eine Kultur der Fehlerfreundlichkeit.

6. Stören und Zerstören

Viele Manager missverstehen sich als Dirigenten eines harmonischen Orchesters. Das eigentliche Medium des Managements sind aber Irritationen und Ungewissheiten. Um es überspitzt auszudrücken: Aufgabe des Managers ist es, die andern bei der Arbeit zu stören – produktiv zu stören. Manager müssen Unruhestifter sein, um nach der Logik der Selbstorganisation *order from noise* zu provozieren. Störung als Beruf – das klingt dem, der erfahren hat, dass alles Produktive anstößig ist, nicht mehr absurd.

Aufgabe des Managers ist es, die andern bei der Arbeit zu stören - produktiv zu stören.

Jedes System erlebt die Wirklichkeit nur als Störung der „Eigenwelt". Und das Böse ist nichts anderes als diese Störung des Systems. Die Wirklichkeit „draußen" macht einen parasitären Lärm. Kommunikationstheoretisch formuliert: Der Parasit schafft das produktive Missverständnis. In diesem Zusammenhang besagt dann die kybernetische Formel *order from noise:* das Gute ernährt sich vom Bösen. Man kann Fehlerfreundlichkeit und Sensibilität für Irritationen auch als eine Art Schutzimpfung des Systems mit dem Bösen verstehen; und nur wenn das gelingt, kann das System dann auch Anpassung durch Immunreaktionen ersetzen.

Das Gute ernährt sich vom Bösen.

Entscheidend ist also die Einsicht: Evolution gibt es nur durch Störer. Es geht dabei wohlgemerkt nur um Irritation und Erregung, nicht aber um inhaltliche Instruktion.

So reagiert der Staat auf die Störgeräusche der Bürger, die sich in Bürgerinitiativen und *non governmental organizations* zusammenschließen, schon lange nicht mehr taubstumm oder beleidigt, sondern nutzt sie als Sonden der Wirklichkeitserforschung. Das meinte wohl, im Blick auf eben diese NGOs, *Christian Wernicke* mit seiner schönen Formel: „die hofierten Störenfriede". Und ganz ähnlich reagiert die Marktsensitivität des Managements auf Störgeräusche der Kunden. Statt den Kunden als König zu verklären, wird er als notwendiges Übel ernstgenommen. Der Kunde ist ein Störenfried, ein göttlicher Parasit. Er irritiert das Unternehmen durch sein Kaufverhalten; und das Unternehmen irritiert den Kunden – durch neue Produkte und die Werbung.

Wir sagten gerade, Evolution gibt es nur durch Störer. Aber wir müssen hier noch einen Schritt weitergehen: Es gibt kein evolutionäres Bewusstsein ohne einen positiven Begriff von Zerstörung. Das ist durchaus kein neuer Gedanke. Denn schon *Josef Schumpeters* Definition des Kapitalismus als „schöpferische Zerstörung" hat das entscheidende Paradoxon formuliert; es geht um die die Kreativität der Destruktivität. Und hier schließt heute nahtlos das *Peter-Drucker*-Paradoxon an: Selbsterhaltung durch Selbstzerstörung. Was zählt ist, womit man aufhört. Wirf weg, damit du gewinnst. Im Fehler liegt die Chance, im Erfolg liegt die Gefahr. Denn der Erfolg macht uns narzisstisch verliebt ins eigene Produkt. Die große Frage lautet deshalb: Wie befreit man sich aus der Zwangsjacke des vergangenen Erfolgs? Der kluge, böse *Bill Gates* hat das genau erkannt: „Der Erfolg ist ein schlechter Lehrmeister. Er läßt gescheite Leute glauben, sie könnten nicht verlieren."

7. Innovation der Innovation

Die Neuzeit nennen wir die Zeit, die das Neue neu bewertet hat. Ganz ähnlich brauchen wir heute einen innovativen Begriff von Innovation. Mein Vorschlag und damit das Fazit meiner Überlegungen lautet: Innovation aus Irritation. Echte Erfahrungen sind ja immer Störfälle auf dem Monitor der Erwartungen. Und jede echte Innovation ist eine Entscheidung gegen den Strich der Erwartungen. Insofern setzt jede Innovation ein gesundes Misstrauen ins Vertraute voraus. Bö-

50

se Blicke also und anderes Böses. Das Bessere ist nämlich der Feind des Guten, nicht seine Steigerung.

Literatur:

Norbert Bolz, „Der Megatrend des Bösen", in: Top-Trends, Düsseldorf 1996

Peter Drucker, The Post-Capitalist Society. New York, 1993

Heinz von Foerster, Observing Systems. Seaside/CA, 1982

René Girard, Das Heilige und die Gewalt. Zürich 1987

Friedrich von Hayek, Wettbewerb als Entdeckungsverfahren. Kiel 1968

Odo Marquard, Abschied vom Prinzipiellen. Stuttgart 1992

Mittelstrass, Die Leonardo-Welt. Frankfurt am Main 1992

Carl Schmitt, Der Begriff des Politischen. Berlin 1963

Michel Serres, Der Parasit. Frankfurt am Main 1987

Karl Weick, Der Prozess des Organisierens. Frankfurt am Main 1982

Sonja Bischoff

Die Schlagzahl erhöhen

Mit Lust an die Macht!

Die Frage nach der Macht

1990 veröffentlichte ich das Buch „Frauen zwischen Macht und Mann – Männer in der Defensive. Führungskräfte in Zeiten des Umbruchs", dem Interviews mit männlichen und weiblichen Führungskräften zu Grunde lagen. Unter anderem wurde in den Interviews das Verhältnis der Männer und Frauen in Führungspositionen zur Macht erörtert. Frauen lehnten Macht ganz klar für sich selber ab; diese Ablehnung der Macht gipfelte in dem Satz einer jungen Frau „Macht ist ein böses Wort!" Nur eine gerade pensionierte Frau sah das ganz anders: Sie bedauerte, nicht die Macht gehabt zu haben, die Dinge so durchzusetzen, wie sie sich das vorgestellt hatte. Nun, man muss ja nicht erst auf die Pensionierung warten ...

Frauen lehnen Macht für sich selber ab.

Und wie sieht es heute aus? In der 1999 publizierten Studie „Männer und Frauen in Führungspositionen in der Wirtschaft in Deutschland ..." stellte ich wieder die Frage nach der Macht. Fragt man Männer und Frauen in Führungspositionen der Wirtschaft danach, ob sie Macht durch die Position haben, dann kommt man zu dem erstaunlichen Ergebnis, dass es kaum Unterschiede gibt: 90% der Frauen und 85% der Männer stellen fest, dass sie Macht haben. Im Einzelnen stellt sich die Antwort so dar, dass 44% der Frauen und 41% der Männer glauben, viel Macht zu haben, 46% der Frauen und 44% der Männer meinen, eher wenig Macht zu besitzen. Nur 7% der Frauen und 13% der Männer sagen von sich, dass sie keine Macht durch die Position haben. Insgesamt fallen die Antworten von Männern und Frauen so aus, dass man annehmen kann, dass das Verständnis von Macht, die aus der Position resultiert, zwischen Männern und Frauen nicht allzu verschieden ist.

Das Verständnis von Macht qua Position unterscheidet sich bei Männern und Frauen kaum.

Schriftliche Fassung eines Vortrags anlässlich des Frauen-Forums 2000 des Deutschen Ruderverbands in Lübeck am 7. Oktober 2000

Dennoch habe ich da meine Zweifel: Auf die gefühlsmäßigen Bauchschmerzen, die viele Frauen befallen, wenn sie sich vorstellen, dass sie Macht haben könnten, bin ich bei Männern nie gestoßen. Und ich glaube es hängt mit folgendem zusammen: Frauen empfinden Macht eher als Mittel der Durchsetzung des eigenen Willens gegenüber Schwächeren, d.h. im Unternehmen gegenüber untergeordneten Mitarbeitern, und daher meinen sie, dass Machtausübung als moralisch illegitim zu bewerten sei. Männer andererseits betrachten die mächtige Position als legitimes Handwerkszeug zur Erreichung von Zielen, und zwar sehen sie dieses Handwerkszeug nicht nur als Instrument der Durchsetzung gegen die Mitarbeiterinteressen, sondern auch gegen die Interessen von Kollegen und Vorgesetzen.

Das Ziel heißt Erfolg

Männer in Führungspositionen wollen Ziele erreichen, das verstehen sie als ihre Leistung, dafür wollen sie honoriert werden. Aber um welche Ziele handelt es sich? Um die Ziele der Organisation – um welche sonst? Das scheint mir höchstens die halbe Wahrheit zu sein, denn das Ziel heißt Erfolg – und Erfolg ist etwas sehr persönliches (das kann das hohe Gehalt sein, die gesellschaftliche Anerkennung, Privilegien, die mit der Position verbunden sind, meistens ist es von allem etwas).

D.h. es kann sein, dass der Erfolg der Organisation sich gleichzeitig auch in persönlichem Erfolg niederschlägt und umgekehrt, aber es muss nicht so sein. Wenn nämlich persönlicher Erfolg dazu dient, die eigene Eitelkeit zu befriedigen, muss damit nicht auch der Organisation gedient sein, für die ein Mensch arbeitet. Machen wir uns das an einem ganz einfachen Beispiel deutlich: Jemand, der ein hohes Spesenkonto hat, erscheint nach Außen hin erfolgreich, aber ist er auch erfolgreich? Kann sein, kann aber auch nicht sein, je nachdem, wie er das Geld einsetzt.

Halten wir fest: Macht ist ein Instrument, um Ziele zu erreichen – und wenn wir Macht so verstehen, dann ist Macht nicht in erster Linie ein Instrument der Durchsetzung gegenüber Schwächeren, sondern geschicktes, nämlich machtvolles Verhalten gegenüber Kollegen, die immer auch Konkurrenten sind, und Vorgesetzten oder – ganz allgemein – übergeordneten Personen und Instanzen, um diese so zu beeinflussen, dass sie sich im Sinne der eigenen Ziele verhalten. Dabei wäre zu klären, was die eigenen Ziele sind. Sind es ganz persönliche Karriereziele? Bedeutet „eigene Ziele zu haben", etwas für die Organisation zu leisten, weil man sich mit der Organisation identifiziert? Oder schafft man erst Identifikation, indem man in der Organisation und für die Organisation eigene Ziele durchsetzt? Letztlich also die Organisation nach eigenen Vorstellungen formt?

Wir können das eine nicht von dem anderen trennen. Oder anders ausgedrückt: Wir können die Leistung für die Organisation und die Anerkennung der Leistung nicht voneinander trennen, denn die Leistung wird ja gerade durch die Anerkennung zum persönlichen Erfolg! Wer will schon jahrelang hart arbeiten, hart trainieren, um dann vielleicht einen Weltrekord zu erzielen, von dem keiner etwas weiß? Der Mensch braucht Anerkennung, nämlich die Rückmeldung, dass er für sich und andere etwas geleistet hat; er braucht persönlichen Erfolg!

Leistung wird durch Anerkennung zum persönlichen Erfolg.

Wer hat die Macht, den Maßstab zu definieren?

Aber was ist der Maßstab? Natürlich die Ziele; aber was heißt das konkret? Wenn Sie ein Rennen veranstalten, ist es eindeutig die Zeit. Das Ziel ist, Schnellste zu sein. Wenn Sie einen Sprungwettbewerb veranstalten, ist es die Höhe oder die Weite. Das Ziel ist, am höchsten oder weitesten zu springen. Aber was ersetzt Höhe, Weite und die Zeit, wenn Sie die Leistung messen wollen, die mit und durch Entscheidungen in Organisationen herbeigeführt werden soll?

Theoretisch ist es ganz einfach: Ich frage, ob mit den Entscheidungen die Ziele der Organisation erreicht worden sind. Praktisch ist das aber ganz schwierig: Denn es stellt sich die Frage – wie oben schon ausgeführt –, ob die Ziele klar definiert sind. Meistens ist das kaum der Fall, weil die verschiedensten Interessen berücksichtigt werden müssen. Das sind im Unternehmen die Interessen aller Stakeholder, und das Problem stellt sich in gemeinnützigen Organisationen noch vielschichtiger dar. Dazu kommt, dass sich Ziele im Zeitablauf ändern. Eine Entscheidung entfaltet ihre Wirkung aber erst in der Folge der Entscheidung und damit unter Um-

Es stellt sich die Frage, ob die Ziele klar definiert sind.

ständen erst dann, wenn das ursprüngliche Ziel so gar nicht mehr existiert. Worin besteht dann die Leistung?

Wer hat die Macht, den Maßstab für Leistung zu definieren?

Und es stellt sich die Frage, wer hat seine Macht genutzt, um persönliche Ziele mit denen der Organisation zu verbinden oder wer hat gar die Organisationsziele als Deckmantel zur Erreichung persönlicher Ziele benutzt? D.h. welche Leistung anerkannt wird, ist nicht nur eine Frage des objektiven Maßstabs, sondern eine Frage dessen, wer die Macht hat, den Maßstab zu definieren!

Betrachten wir die Frauen in Führungspositionen in Unternehmen, so stellen wir Folgendes fest: Es ist anzunehmen, dass sie mindestens die gleiche Leistung wie die Männer erbringen, denn sonst wären sie nicht in den Positionen, in denen sie sind. D.h. dass sie im Sinne der Zielsetzung des Unternehmens erfolgreich sind. Aber sind sie auch persönlich erfolgreich?

Einkommen als Maßstab für den Erfolg.

Ein im Wirtschaftsleben üblicher, sehr direkter Maßstab für den persönlichen Erfolg ist das Einkommen. Dazu kann man nur feststellen, dass der Einkommensnachteil der Frauen in Führungspositionen seit 1986 – belegt durch verschiedene Studien – geradezu zementiert zu sein scheint.

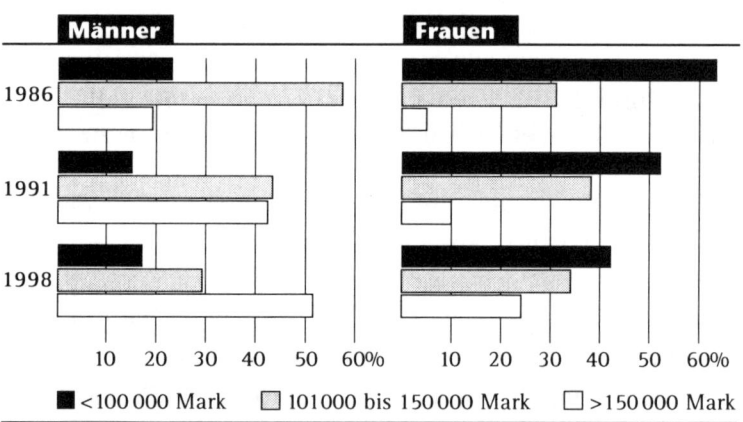

Quelle: Sonja Bischoff, Männer und Frauen in Führungspositionen der Wirtschaft in Deutschland – Neuer Blick auf alten Streit, Köln 1999, S. 143

Zahl der Mitarbeiter als Maßstab für Erfolg.

Ein eher indirekter Maßstab für den Erfolg ist die Zahl der Mitarbeiter, die für eine Führungskraft arbeiten. Auch hier haben die Frauen das Nachsehen.

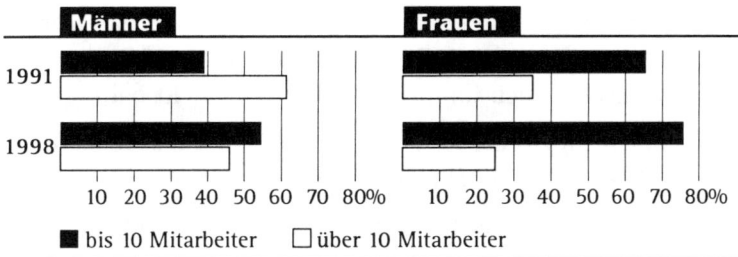

	Männer	Frauen

1991

1998

10 20 30 40 50 60 70 80%   10 20 30 40 50 60 70 80%

■ bis 10 Mitarbeiter   □ über 10 Mitarbeiter

Ausstattung von Mitarbeitern in der 2. Führungsebene
Quelle: ebenda, S. 131

Macht und Erfolg

Frauen in Führungspositionen von Unternehmen, die genauso wie die Männer in Führungspositionen angeben, dass sie über Macht verfügen, gelingt es nicht, diese Macht für ihren persönlichen Erfolg zu nutzen! D.h. sie erbringen die Leistung, erringen aber kaum die der Leistung entsprechenden Anerkennung. Warum ist das so?

Frauen gelingt es nicht, ihre Macht persönlich zu nutzen.

Zunächst einmal kann man feststellen warum es nicht so ist:

1. Es ist aus eigenen und anderen Studien nicht erkennbar, dass Frauen in Führungspositionen ein deutlich als typisch weiblich geltendes Führungsverhalten an den Tag legen, sondern dass sie in ihre Positionen gekommen sind, weil sie sich ähnlich durchsetzungsstark wie Männer verhalten.

Frauen verhalten sich ähnlich durchsetzungsstark wie Männer.

2. Außerdem benennen Frauen – fragt man sie nach den Erfolgsfaktoren ihrer Karriere – genau dieselben und genauso häufig typische Erfolgsfaktoren wie die Männer, nämlich Spezialwissen, Sprachkenntnisse, persönliche Beziehungen und die äußere Erscheinung.

Erfolgsfaktoren sind bei Frauen und Männern dieselben.

Andererseits haben Frauen aber besondere Hindernisse zu überwinden, die nach wie vor darin bestehen, dass man ihnen Vorurteile allein wegen ihres Frauseins entgegenbringt. So nannten in der Studie von 1999 von den Frauen, die über Karrierehindernisse berichteten, am häufigsten mit 33% solche Vorurteile als schier unüberwindbare Hindernisse. D.h. gleichzeitig, dass Frauen sich nicht nur in der Sache durchsetzen müssen, sondern nach wie vor gegenüber mangelnder Akzeptanz ihrer Leistung nur weil sie eine Frau sind, was gleichzeitig bedeutet, dass das Durchsetzungsvermögen neben den genannten Erfolgsfaktoren für Frauen der wichtigste

Besondere Karrierehindernisse: Vorurteile wegen des Frauseins.

Erfolgsfaktor ist. Interessanterweise wird gerade das Durchsetzungsvermögen bei Führungskräften im Allgemeinen überdurchschnittlich honoriert, leider aber nicht bei Frauen.

Das Verhältnis der Frauen zur Macht.

Vielleicht liegt eine Ursache hierfür aber auch im Verhältnis der Frauen zur Macht. Vielleicht ist es so wie es ist,

- weil sie Macht falsch verstehen, nämlich als Macht nach unten und nicht als Macht im Konkurrenzkampf unter Kollegen und nicht als Macht nach oben!

- weil sie zu schnell, ja vorschnell Macht mit Machtmissbrauch gleichsetzen und die Macht, eingesetzt für persönliche Ziele, als verwerflich empfinden. Wer Macht zu eigenen Zwecken einsetzt, wird ja deswegen weder zum Diktator noch zum Terroristen, denn es kommt ja auf die eigenen Zwecke an. Jedenfalls gelingt den Frauen der Einsatz der Macht für eigene Ziele dann nicht, wenn die Beurteilung der Leistung, die sich im Einkommen niederschlägt, von Vorgesetzten abhängig ist. Sie sind offenbar weniger gut als Männer in der Lage, ihre Leistungen und ihre Macht durch die Position zum eigenen Vorteil einzusetzen.

Nun könnte man meinen, dass das nicht so wichtig sei, Frauen haben schließlich ihre eigenen Erfolgserlebnisse, z.B. wenn sie aus ihrer Sicht eine Aufgabe gut erfüllt haben und sich dabei wohlfühlen.

Jedoch ist das der beste Weg, um sich in einer Organisation aufs Abstellgleis zu manövrieren. Denn die Leistung muss innerhalb einer Organisation sichtbar sein und sichtbar anerkannt sein, d.h. zu persönlichem Erfolg führen, denn erst dadurch wird die Position in einer Organisation wirkungsvoll gestärkt. Und das gilt natürlich auch für Frauen!

Leistung, persönlicher Erfolg und Macht

Erstaunlicherweise gelingt es den Frauen, die ganz wesentlich selbst über ihr Einkommen bestimmen, persönlichen Erfolg und Erfolg der Organisation, den sie durch ihre Leistung erzielen, zu verbinden:

- Frauen, die Unternehmerinnen sind, erzielen für sich inzwischen dieselben Einkommen wie ihre männlichen Unternehmerkollegen.

- Frauen, deren Gehälter leistungsabhängige Bestandteile enthalten, verdienen in vergleichbaren Positionen deutlich mehr als Frauen, die ausschließlich Fixgehälter beziehen.

Und interessanterweise sind gerade diese Frauen diejenigen, die am häufigsten sagen, dass sie über Macht verfügen! Da drängt sich die Frage auf: Warum gehen hohe, leistungsabhängige Einkommen mit überdurchschnittlich ausgeprägtem Machtbewusstsein einher?

Macht hat, wer Maßstäbe setzt – und zwar mit seiner Leistung! Und wer sich seiner Leistung bewusst ist, kann sich den persönlichen Erfolg nicht selbst versagen, dass wäre nicht konsequent. Wer Leistung bringt, kann auch nicht auf den damit verbundenen Erfolg verzichten, das wäre dumm. Leistung am Markt, Leistung im Wettbewerb, Leistung in einer Organisation und persönlicher Erfolg sind zwei Seiten ein und derselben Medaille. Wo sich der persönliche Erfolg ausdrückt, ob in einem hohen Einkommen oder in einer hochrangigen Position in einer Organisation oder in was auch immer, wichtig ist, das er sichtbar ist, denn nur dann verbindet sich mit dem persönlichen Erfolg die Ausstrahlung von Macht, die notwendig ist, um Ziele – auch gegen Widerstände – zu erreichen.

Leistung und Erfolg – Zwei Seiten einer Medaille.

Wenn Leistung und persönlicher Erfolg zwei Seiten einer Medaille sind, dann ist die Macht der Gewinn, der mit Leistung und persönlichem Erfolg erzielt wird. Was kann man mit Gewinnen machen?

Macht ist der Gewinn von Leistung und Erfolg.

Gewinne kann man verbrauchen – wer sich in seiner Macht selbstsüchtig sonnt, der wird sie verbrauchen, wird sie verlieren.

Gewinne kann man investieren – und wer seine Macht nutzt, um die Zukunft zu gestalten, der wird sie erhalten.

Und die Zukunft zu gestalten macht Spaß, Macht zu gewinnen durch Leistung und Erfolg, das macht Freude.

Und lassen Sie sich nicht irritieren: Nur weil Macht auch die Möglichkeit des Missbrauchs in sich birgt, ist sie nicht unmoralisch. Genauso wenig wie der Gebrauch eines Küchenmessers unmoralisch ist, nur weil man damit auch einen Menschen umbringen kann.

Macht ist nicht unmoralisch.

Darum: Erhöhen Sie die Schlagzahl – aber nicht im stillen Kämmerlein! Sorgen Sie dafür, dass alle es sehen und erobern Sie die Anerkennung dafür: die machtvolle Position. Dann setzen Sie die Maßstäbe!

Quellen:

Bischoff, Sonja, Frauen zwischen Macht und Mann – Männer in der Defensive. Führungskräfte in Zeiten des Umbruchs, Reinbek 1990

Bischoff, Sonja, Männer und Frauen in Führungspositionen der Wirtschaft in Deutschland – Neuer Blick auf alten Streit, Bd. 60 der Schriftenreihe der Deutschen Gesellschaft für Personalführung, Köln 1999

Jens Weidner

Vom Guten des Aggressiven

Über die notwendigen Schattenseiten von Führungskräften

„Homo homini lupus", der Mensch ist des Menschen Wolf. Ein Leitsatz für Führungskräfte zur Jahrtausendwende, formuliert vom pessimistischen Philosophen *Hobbes* (1588-1697). Der Mensch mag zwar von Natur aus gut sein, wie der optimistische Philosoph und Pädagoge *Rousseau* (1712-1778) mit Leidenschaft dagegenhielt, in Führungspositionen kommt man mit sozialverträglichen Freundlichkeiten allerdings nicht sehr weit. Und da ist es völlig egal, ob als Vorstand eines multinationalen Konzerns, als aufstrebend-ehrgeiziger Manager, als Gerichtspräsidentin oder Gefängnisdirektor (*Weidner* 1995: 14).

In Führungspositionen kommt man mit sozialverträglichen Freundlichkeiten nicht sehr weit.

Macht macht Spaß

Die Triebfeder von weiblichen und männlichen Führungskräften ist selten der Wunsch nach Weltverbesserung. „Zu den vordringlichsten Tugenden eines Managers zählt sein Bestreben, immer mehr Machtbereiche zu besitzen. Wer diese 'Gier' nicht kennt, gilt als unfähig. Ihm fehlt der rechte 'Biss'", so die Beraterin *Perner* (1997: 68), die den „Abschied vom Mythos Macher" propagiert.

Ehrgeiz, Erfolg, das Streben nach oben gehorcht dem egoistischen Willen zur Macht. Warum auch sollte man sich dem Leistungsdruck als Führungskraft aus reiner Nächstenliebe aussetzen? Macht macht Spaß! Egal, ob für ein gutes Ziel eingesetzt oder missbraucht:

Ehrgeiz, Erfolg, das Streben nach oben gehorcht dem egoistischen Willen zur Macht.

Das dachte sich auch der Geschäftsführer eines süddeutschen Automobilzulieferers, und ließ — mitten auf dem Firmengelände — den Motor aus dem Wagen eines ellenbogenorientierten Emporkömmlings ausbauen. Der hatte es gewagt, trotz mehrmaliger Ermahnungen, auf den Stellplätzen der Firmenleitung zu parken. Der Motorblock wurde neben die Bushaltestelle vor dem Werksgelände abgestellt. Die Botschaft an den Karrieristen war deutlich: „Mache weiter so und du fährst bald wieder Bus!"

Macht impliziert Aggression und die subtile Angst der Untergebenen oder Konkurrenten, dass sich diese Power gegen einen wenden könnte. Man spricht dann von Respekt! Mächtige Frauen und Männer werden dafür nicht gehasst, sondern geliebt. „Identifikation mit dem Aggressor" ist das bezeichnende psychoanalytische Schlagwort. Oder etwes brutaler mit *Machiavelli* (1469-1527) formuliert: Wen Du nicht töten kannst, mache zu Deinem Freund. Und Führungskräfte haben viele vermeintliche Freunde!

Es ist die Erotik ihrer Ausstrahlung, die diesen Menschenschlag so faszinierend macht. Und Grundlage dafür ist ihr unbedingten Wille zur Macht. Sie glauben Berge versetzen und moralische Prinzipien über den Haufen werfen zu können. Sie haben die Definitionsmacht und die Sucht nach dieser Freiheit, selbst bestimmen zu können, ohne große Rücksichten auf andere nehmen zu müssen. „L'etat, c'est moi" oder im Wirtschaftsdeutsch: „Die Unternehmenskultur bestimme ich."

Omnipotent oder Opfer des lean managements?

Führungskräfte zeichnen sich nicht nur durch den Willen zur Macht aus, sondern auch durch einen mächtigen Willen. Sie entsprechen — ungewollt — *Nietzsches* (1844-1900) Philosophie vom Glück der Starken, die mit Mut, Energie und Durchsetzungsstärke ausgestattet sind. Entsprechend beschreiben sich Führungskräfte — wenn man sie fragt — als kraftvoll, dominant und selbstbewusst. Menschenkenner seien sie, Alltagspsychologen, die Einschüchterung, Bedrohung und das Einimpfen von Minderwertigkeitsgefühlen gezielt einsetzen können.

Sie genießen es, wenn Passanten beeindruckt auf ihre — natürlich diskreten — Statussymbole reagieren. Oder (die eher peinliche Variante), wenn sie einen Bogen schlagen um dieses Prachtexemplar eines Erfolgsmenschen, der mit seiner S-

Klasse an Münchens Leopoldstraße parkt und sich per Handy kurz zu Hause meldet.

Fakt ist: Sie genießen die Zeichen der Macht. Und dieser Genuss ist auch notwendig, weil Kompensation; denn Führungskräfte fühlen sich hin- und hergerissen zwischen der Omnipotenz eines Wirtschaftskriegers wie *Schrempp* und der Angst, das nächste Opfer des lean managements zu werden. Euphorie und Dynamik wechseln mit der Furcht vor Demontage à la *Edzard Reuter*. Die Wissenschaft spricht hier von fehlendem Dissonanzausgleich, der die berufliche Spannung ins Unerträgliche wachsen lassen kann. Und je stärker die Dissonanz zwischen realer Karriere und hochgesteckten Zielen, desto unberechenbarer ist die Personalführung. Dissonanz nagt an der Psyche, macht anfällig für Schlafstörungen und Psychosomatosen. Angst und Unberechenbarkeit sind aber wirklich das Letzte in einer Branche, die sich Kontinuität und persönliche Stärke auf die Fahnen geschrieben hat. Ängste, psychische Konflikte oder Depressionen haben keinen Platz in der Welt des Erfolges. Diese zutiefst menschlichen Stimmungen zählen zum Repertoire der Verlierer und Versager.

Von Charme bis Vulkan

Platz hat dagegen die wohldosierte, konstruktive Aggression: Vom kalkulierten Verunsichern und Angstmachen, von der non-verbalen Drohung bis zum spontan-echt wirkenden Wutausbruch ist die Handlungspalette von Top-Leuten ausgeprägt. Die Hemmungslosigkeit zur Konfrontation, das Spiel mit Zuckerbrot und Peitsche, die Fähigkeit künstlich zu explodieren, das verschafft Anerkennung. „Der (oder die) ist mit Vorsicht zu genießen", bleibt bei Freund und Feind hängen. Das „tough-guy-or-women"-Image: hart, aber herzlich!

Das „tough-guy-or-women"-Image: hart, aber herzlich!

Dennoch glauben Führungskräfte an ihre Beliebtheit im sozialen Umfeld, denn kaum ein Mitstreiter wagt Kritik an diesen machtvoll-potenten Zeitgenossen. Distanz zu Mitarbeitern und Branchenkolleginnen wird dabei großgeschrieben. Und diese Distanz ist selbstgewählt. Anders sieht es bei Misserfolg oder Konkurs aus: Weggefährten grenzen sich langsam ab, Einladungen zu Wirtschafts- und Pressebällen bleiben aus. Nicht, dass man immer gerne zu diesen gesellschaftlichen Ereignissen gegangen wäre, aber sie waren Synonyme dazuzugehören. Dies bestätigt auch Ex-Top-Manager *Daniel Goeudevert* auf die Frage, wovor Manager überhaupt Angst haben: „Vor dem Verlust ihrer Funktion, ihrer Macht, weil da ihre ganze Existenz dranhängt... Wenn er abgesägt wird, dann ist das nicht nur ein Imageverlust, das wäre ja nicht so schlimm, sondern ein Identitätsverlust" (*Goeudevert* 1997: 136).

„The higher you climb the deeper you fall."

„The higher you climb the deeper you fall", eine Binsenweisheit, aber eine, die sich psychisch eingebrannt hat. Ein lebenslanges Spannungsverhältnis, das motiviert und Kräfte kostet, denn Angst schwingt mit: die Angst, den komfortablen Lebensstandard zu verlieren. Das macht Druck, gerade auch in einer Gesellschaft, die Besitzstandwahrung zum Minimalziel erkoren hat. Das macht hart, nicht nur gegen sich selbst, sondern auch gegen andere.

Workers high und Sex als Energieverschwendung

Idealtypisch soll der Mensch natürlich edel sein, einfühlsam und gut. In Leitungspositionen kann dieses Selbstverständnis zur Handlungsunfähigkeit führen.

So verwundert es kaum, dass die Antizipationsfähigkeit, das Nachdenken über Opferfolgen bei Führungskräften unterentwickelt ist, etwa wenn es um Verschlankung oder Freisetzen im Unternehmen geht. Und die, die über Einzelschicksale intensiv reflektieren, erscheinen angeschlagen und negativ sensibilisiert für die Marktzwänge. Idealtypisch soll der Mensch natürlich edel sein, einfühlsam und gut. In Leitungspositionen kann dieses Selbstverständnis zur Handlungsunfähigkeit führen. Das heißt, Distanz zum Leiden anderer ist gefragt. Aber auch, wenn man sich diese Distanz geschaffen hat und diese bedrückenden Emotionen nicht mehr wahrnimmt, so wirken sie doch! Auch Führungskräfte sind keine Roboter, auch nicht im Rhythmus ihrer 14-Stunden Tage.

Dazu kommt — strafverschärfend —, dass Frauen und Männer an der Spitze einsam sind. Die Luft wird dünner. Vertrauen verkommt zur Naivität. Anspannung ist die Regel, Entspannung die Ausnahme. Selbst die Urlaubsreise ist häufig von Unruhe geprägt, weil ohne diese MacherInnen nichts läuft oder der vermeintliche Partner am Stuhl sägt. Entspannen wird als gefährlich erlebt, denn kaum geht die Selbstkontrolle, rächt sich der Körper für die Dauerbelastung. Ein teuflischer Kreislauf! „Der Workaholic übertüncht die Erschöpfungssignale, begeistert sich daran, wie lange und wie viel er arbeiten könne, erlebt seine Höhenflüge in 'workers high' und registriert erst beim Auftauchen psychosomatischer Symptome, dass sein kurzfristige Belastungen ermöglichender Adrenalinausstoß schon längst den gesundheitsschädlichen Cortisolausschüttungen gewichen ist." Dass sich dieser lustvolle Stress lusttötend auswirken kann betont die Management-Beraterin *Perner* (1997: 70) süffisant: „Der Macher erledigt den Liebesakt wie ein Fitnessprogramm, zieht die Begegnung – technisch perfekt – zügig durch und wundert sich, wenn die große Befriedigung ausbleibt. Partnerinnen werden funktionalisiert als Regenerationshilfe oder als Selbstbestätigerin. Funktioniert Frau nicht, kommt sie zum psychotherapeutischen Service oder wird für ein Neumodell eingetauscht."

Vom „Geiz der Macher" spricht *Perner* und meint, dass Frauen der männlichen Lichtgestalt beim Sex nur Kraft rauben, die dann für kreative unternehmerische Prozesse verloren geht. Schade eigentlich. Oder wie ein Workaholic aus der Lebensmittelbranche so feinsinnig sinnierte: „Der Preis ist recht hoch für das bisschen Gerubbel."

Oder wie ein Workaholic aus der Lebensmittelbranche so feinsinnig sinnierte: „Der Preis ist recht hoch für das bißchen Gerubbel."

Empathie oder: „die Chemie stimmt"

Führungskräfte sind exzellente Schwachstellenanalytiker. Das betrifft die Konkurrenz, aber auch die Gesprächspartner. Die Fähigkeit, Schwachstellen oder Stärken des Gegenübers zu analysieren, sichert Verhandlungsvorteile und schafft Vertrauen. Der Partner fühlt sich – bei sensibler Handhabung – verstanden. Die „Chemie stimmt", hätte *Helmut Kohl* gesagt.

Umgangssprachlich verwendet man natürlich nicht den hässlichen Begriff Schwachstellenanalyse. Das klingt zu kalt. Zeitgemäß-sensibel spricht man von Empathie, von Einfühlungsvermögen. Selbst dieser empfindsam-identitätsstiftende Begriff wird bei Führungskräften utilitaristisch missbraucht, frei nach dem Motto: Gut ist, was nützt!

Manager verfügen über ein ausgeprägtes Selbstbewusstsein: Sie können eben alles. Sie sind stolz auf ihre Flexibilität, ihre Einsatzbeliebigkeit. Gleichgültig, ob Chemiekonzern oder Bauernverband, *Reemtsma* oder *Hamburg Mannheimer*, sie sind überall einsetzbar. Ersetzbar natürlich nie! Ganz im Ge-

Manager verfügen über ein ausgeprägtes Selbstbewusstsein.

Wichtig dabei: Abspringen, bevor der Strudel einen in die Tiefe reißt.

genteil. Selbst wenn es schief läuft, wäre es ohne sie noch viel schiefer gelaufen. Wichtig dabei: Abspringen, bevor der Strudel einen in die Tiefe reißt, denn Führungskräfte hassen das John-Wayne-Prinzip: „Mitgefangen, mitgehangen". Sie lassen sich durch Abfindungen polstern. In welches Elend das Beherrschen dieser Klaviatur des Personalkarussells führen kann, wurde bereits 1958 im *Parkinsonschen* Gesetz festgehalten: zur Beförderung bis zur Inkompetenz!

Emotionale Begriffsstutzigkeit statt emotionale Intelligenz

Meister rationaler Lösungsmechanismen und technokratischer Kommunikation. Bei emotionalen Konflikten zeichnen sie sich dagegen durch eine ausgeprägte Begriffsstutzigkeit aus.

Vor allem männliche Führungskräfte — und die machen derzeit in den Unternehmen über 90% aus — sehen sich als Meister rationaler Lösungsmechanismen und technokratischer Kommunikation. Bei emotionalen Konflikten zeichnen sie sich dagegen durch eine ausgeprägte Begriffsstutzigkeit aus. Das ist bitter, zumal ein Großteil firmeninterner Probleme auf der emotionalen Seiten angesiedelt sind. Jeder kennt das aus Vorstandssitzungen, bei Präsentationen oder in Leitungsbesprechungen: Die rationale Problemlösung liegt eigentlich auf der Hand, aber irgendwie läuft der Gruppenprozess dazu verquer. Intelligenz (IQ) plus emotionale Intelligenz (EQ) gilt daher als zukunftsweisende, aber noch nicht eingelöste Erfolgsformel.

Dieses Defizit der Macher verwundert nicht, denn ihr Denken und Handeln ist auf Feindabwehr ausgerichtet. Für emotionale Nuancen bleibt da wenig Platz, denn „Manager müssen besser sein als die Konkurrenz, was vor allem heißt: schneller. Also stoßen sie alles ab, was sie belasten und damit verlangsamen würde. Dazu müssen sie die Konkurrenz beobachten und stets zur Seite blicken, was andere tun. So verliert man oft den Überblick über den eigenen Weg und die eigenen Ziele" (*Perner* 1997: 73).

Weibliche Führungskräfte gelten hier — neben ihren analytischen Fahigkeiten — als wesentlich geschickter, aber das hilft ihnen wenig. Erstens sind sie grausam in der Unterzahl und zweitens nutzen sie ihren Diplomatievorsprung zu selten, da sie zwischen dem Kampf mit harten Bandagen um die Sache und ihrer emotionalen Abscheu angesichts solch mieser Strategien kaum trennen. Schade eigentlich. Oder wie es eine ZDF-Redakteurin des renomierten deutschen Frauenmagazins

„Mona Lisa" formulierte: Frauen müssen sachlicher werden! Analog der alten Haudegenweisheit: Was kratzt es die Eiche, wenn sich das Wildschwein daran reibt. Und das Wildschwein, das sind natürlich immer die anderen.

Die Liebe zur strukturellen Gewalt

Ein heimlicher Persönlichkeitszug von Spitzenkräften ist ihre Nähe zur Aggression und Gewalt, vor allem zur strukturellen Gewalt. Die wird geliebt, denn Hierarchie ist schön, wenn man oben steht. Man kann auch die eigenen miesen Charakterzüge wunderbar ausleben. Nicht, dass dies besonders angestrebt wird, aber es passiert schon einmal, dass man seine Macht ausspielt, um Kränkungen oder Niederlagen auf Kosten Dritter auszugleichen. Daher schlagen Führungskräfte auch nicht. Sie lehnen Gewalt sogar ab. Das sei primitiv. Und dennoch ist da die Lust an der Aggressivität, am subtilen Ausleben von Gewalt. Denn Führungskräfte leben unter Hochdruck, unter Zeitmangel, unter Anpassung. Da ist die klammheimliche Freude über fiese Strategien und raffinierte Schachzüge geradezu wohltuend. Sie ist Entlastung und Entspannung zugleich. „Menschenschach als Balsam für die Seele" nannte das ein 53jähriger Vorstand nach einem Aggressions-Seminar, während er seinen Blick über den *Züricher See* schweifen ließ. Und er ergänzte, dass er dennoch so langsam Schwierigkeiten bekomme, sich in dieser schnellebigen Zeit immer wieder neu für neue Aufgaben zu motivieren. Obwohl er ein Großer war sorgte er sich, denn er wusste, dass heute nicht nur der Große den Kleinen frisst, sondern auch der Schnelle den Langsamen. Und er war mehr Tanker als Rennbootstaffel!

Und dennoch ist da die Lust an der Aggressivität, am subtilen Ausleben von Gewalt.

Ich zerstöre, also bin ich - großartig!
Strategien gegen Innovation

Und das ist nun wirklich etwas Gemeines und aggressiv Machendes zur Jahrtausendwende:

Erst haben sich viele Chefs von heute von der Pieke auf hochgeschuftet, haben begriffen wie der Hase läuft und haben damit ordentlich Karriere gemacht. Und nun sollen sie ständig umdenken und Traditionelles über den Haufen werfen. Das gefällt den Wenigsten! Und die halten am Althergebrachten fest, obwohl sie ahnen, dass sie damit den neuen wirtschaftlichen und gesellschaftlichen Strömen nicht gerecht werden.

Angesichts der schnellen Veränderungen von Märkten, Gesetzen, Technologien und Unternehmensstrukturen muss man seinen Kahn häufig sogar auf stürmischer See umbauen.

Für dieses zwanghafte Festhalten hat die Entwicklungspsychologie einen schön-schmuddeligen Begriff geprägt. Sie spricht vom „analen Charakter", der jederzeit alles unter Kontrolle halten will. Das ist sicher ein lobenswerter Wunsch, aber total unproduktiv in Zeiten des Umbruchs. Angesichts der schnellen Veränderungen von Märkten, Gesetzen, Technologien und Unternehmensstrukturen muss man seinen Kahn häufig sogar auf stürmischer See umbauen und akzeptieren, dass Selbstverständlichkeiten über Bord gehen.

„Management der Zufälle" oder Kontingenz heißt der dahinterstehende Ansatz, der dazu auffordert sich mit dem unsicheren Lauf der Dinge zu konfrontieren und nicht den guten alten Zeiten nachzutrauern. D.h., erfolgreiche Chefs akzeptieren, dass langfristige Planungen wichtig sind, aber die schnelllebige Zeit sich nicht daran halten muss. Entsprechend formuliert der Wirtschaftsphilosoph *Otte* (1996: 96): „Man darf in der Konfrontation mit der Ungewissheit ein Gütesiegel des modernen Denkens sehen." Diese Ungewissheit zwingt zur Innovation – und das klingt ja sehr zeitgemäß – aber sie löst bei Führungskräften zunächst Ohnmachtsgefühle und Ängste vor Kontrollverlust aus.

Übersetzt in die Kult-Marketing-Sprache der Jahrtausendwende spricht der Philosoph und Medientheoretiker *Bolz* vom „Machiavelli-Consulting" (vgl. in diesem Band), von den Strategien des Bösen, von der schöpferischen Zerstörung als eigentlicher unternehmerischer Leistung, denn der Kern des Bösen sei das Unberechenbare, das Neue, die Innovation!

Um diesem Innovationsdruck zu entrinnen, bietet die menschliche Psyche der trägen, müden Führungskraft einen teuflisch-verführerischen Mechanismus an: Die kann der Ohnmacht entrinnen, indem sie ihre Berufswelt auf das Mittelmaß, auf das Komplexitätsniveau zurechtstutzt, das sie verkraftet.

Um diesem Innovationsdruck zu entrinnen, bietet die menschliche Psyche der trägen, müden Führungskraft einen teuflisch-verführerischen Mechanismus an: Die kann der Ohnmacht entrinnen, indem sie ihre Berufswelt auf das Mittelmaß, auf das Komplexitätsniveau zurechtstutzt, das sie verkraftet. Der Sozialphilosoph *Fromm* (1979: 61) spricht von der Destruktivität als Schutz vor dem Zermalmtwerden. „Splended isolation": Ich zerstöre, also bin ich – großartig! Großartig, weil die Manager immer noch so tun können, als ob sie das Gesetz des Handelns bestimmen. Und diese Fähig-

keit, auch die falschen Entscheidungen aufgrund der größeren Machtbefugnisse durchsetzen zu können, gibt das trü-
gerische Gefühl Herr (oder Frau) im eigenen Haus zu sein.
Oder mit den sehr ehrlichen Worten eines 59jährigen Vor-
standes: „Ich bin mehr als ich kann. Ich soll sechsstellige Be-
träge für Computeranlagen freigeben, von denen ich nicht
einmal richtig verstehe, was ich da eigentlich bestelle. Meine
Welt ist das nicht."

Resümee

Die Frage nach dem Persönlichkeitsprofil von Führungskräften greift den alten Philosophenstreit vom Guten oder
Schlechten des Menschen auf, seiner optimistischen oder pessimistischen Anthropologie. *Hobbes* beantwortete die Frage
vor 400 Jahren auf seine Weise, als er vom „bellum omnium
contra omnes" sprach, vom Krieg aller gegen alle. In Zeiten
eines knallharten Wettbewerbs kommt er damit dem Geist der
Jahrtausenwende ziemlich nahe. Auch die menschenfreund-
lichste Führungskraft heute muss wissen, dass das Böse Teil
ihrer Berufung ist. Oder in Anlehnung an den Kommuni-
kationstheoretikers *Watzlawick* gesprochen: Führungskräfte
glauben auch an das Gute des Schlechten – und sie trösten
sich gerne mit der japanischen Wirtschaftskrieger-Weisheit:
Wenn man kämpft, tut man alles um im Kampf zu siegen. Hat
man jedoch gesiegt, denkt man an Ruhe, Ordnung – und Besitzstandwahrung! Verehrte Leser, fühlen Sie sich nun falsch
verstanden?

Literatur

Basiliankov, M.P.: Machiavelli im Management. Berlin 1995

Fromm, E.: Die Seele des Menschen. Stuttgart 1979

Goeudevert, D.: Wie ein Vogel im Aquarium. 1997

Otte, R.: Der Stachel der Verantwortung. Frankfurt/M. 1996

Perner, R.A.: Abschied vom Mythos Macher, in: gdi-impuls
4/1997

Weidner, J.: Zum Persönlichkeitsprofil von Führungskräften,
in: gdi-impuls 4/1995

Sabine Mühlisch

Körpersprache und Management

Wie Sie sich auf den ersten Blick verraten

Gewaltereignisse lassen uns jeden Tag aufs Neue einen Blick auf das derzeitiges Verständnis und den Umgang mit Aggression werfen. Die Fokussierung der Medien auf aggressive Handlungen von Jugendlichen und Kriminellen in der Öffentlichkeit verschleiern dabei jedoch jenen Blick auf andere, und unter genauer Betrachtung ursächlicheren Ebenen der Deutung und Bedeutung von Aggression und daraus entstehenden Gewalt. Die derzeit als Vorbild agierende Generation, die wohlsituiert und etabliert ihre Macht ausübt, zeigt bei genauer Betrachtung nicht minder aggressive Züge, um ihre wirtschaftlichen, persönlichen und globalen Ziele zu erreichen. Wird bei aggressiven, gewalttätigen Jugendlichen die Ebene der reinen Körperlichkeit benutzt, stellt sich die scheinbar diesen Ebenen entwachsene Gruppe der Macher und Führer, auch Manager (engl.-amerik. für Leiter, lat. für Hand, handeln) genannt, eher in sprachlicher Gewalt dar. Vergleicht man die non-verbalen Signale beider Gruppen, stellen sich erhebliche Übereinstimmungen heraus. Im folgenden werden diese Signale und die daraus folgenden Rückschlüsse hergeleitet, ge- und bedeutet.

Die derzeit als Vorbild agierende Generation, die wohlsituiert und etabliert ihre Macht ausübt, zeigt bei genauer Betrachtung nicht minder aggressive Züge, um ihre wirtschaftlichen, persönlichen und globalen Ziele zu erreichen.

Körpersprache ist, wenn...

Mit dem Begriff „Körpersprache" kann fast jeder etwas anfangen. Für die einen hat es etwas mit den menschlichen Gesten zu tun, erklärt die Mimik oder das Verhalten, für die anderen ist es die Entschlüsselung geheimer Botschaften, die sich interpretieren lassen in: (...) wenn man die Arme vor dem Bauch verschränkt, macht man sich damit zu. Oder: Das übergeschlagene Bein sollte zu mir als Gesprächspartner zeigen, dann ist mir das Gegenüber wohlgesonnen. Sind die erstgenannten Aussagen richtig, wenn auch nicht ganz vollständig, so stimmen die zweitgenannten nur unter ganz bestimmten Umständen und in Verbindung mit weiteren Signalen.

Viel eher gilt es bei der Übersetzung von körpersprachlichen Signalen, jede Situation genau zu betrachten, das gesamte Bild zur Deutung heranzuziehen.

Diese oft zitierten Interpretationen sind nicht nur äußerst vereinfacht, sondern auch in ihrer Auswirkung gefährlich. Das Verschränken der Arme kann nämlich, je nach augenblicklicher Situation in Zusammenhang mit anderen Körperpositionen in der Übersetzung von „ich höre gerne zu" bis „jetzt ist genug geredet, jetzt möchte ich reden oder gar nichts mehr hören" gedeutet werden. In der Paarbindungsphase zeigen die Beinstellungen Zu- oder Abneigung; in jedem anderen Kontakt sagen sie etwas über die jeweilige Aktivität der entsprechenden Gehirnhälfte aus. Mit dieser Art Simplifizierung und den daraus resultierenden Missverständnissen sollte aufgehört werden. Viel eher gilt es bei der Übersetzung von körpersprachlichen Signalen, jede Situation genau zu betrachten, das gesamte Bild zur Deutung heranzuziehen und die Regeln zu kennen. Nur so kann vermieden werden, dass wiederum vorschnelle Schlüsse aus dem Verhalten eines Menschen gezogen werden, die ihm nicht gerecht werden können.

Ganzheitliches Denken

Dennoch bleibt der Körper unser Hauptlieferant für Informationen.

Das primäre und damit einfachste Kommunikationssystem, welches uns sogar mit in die Wiege gelegt worden ist, ist unsere Ur-Muttersprache Körper, die leider in Vergessenheit geraten ist. In den ersten Lebensmonaten und -jahren beherrschen wir die Körpersprache ausschließlich; mit Ende der Pubertät ist sie bereits vollständig ins Unbewusste abgesunken, und wir beziehen unseren Kommunikationsanteil bewusst nur noch aus dem Sprachanteil. Dennoch bleibt der Körper unser Hauptlieferant für Informationen, die wir ständig aussenden und empfangen, ohne sie jedoch mit dem Verstand bewusst wahrzunehmen oder zu deuten. Wieso aber drückt der Körper Informationen aus, wenn uns diese verstandesmäßig nicht bewusst sind?

Der Körper tut nichts aus sich selbst heraus. Der Körper eines Menschen bezieht seine Aktionen aus den nichtstofflichen Bereichen, die wir Bewusstsein oder auch Seele nennen und dem Leben, auch als Geist bezeichnet. Aus dem Bewusstsein stammen die Informationen, die sich im Körper manifestieren und damit sichtbar werden. Das Bewusstsein ist einem Sendeprogramm, der Körper dem Empfänger vergleichbar. Was in oder durch einen Körper geschieht, ist daher immer Ausdruck einer Information von Seele und Geist.

Verhaltensänderungen, Bewegungen, Spannungen oder Entspannungen finden immer zunächst auf der Ebene der Seele und/oder des Bewusstseins statt und finden auf der körperlichen Ebene lediglich ihre Verwirklichung. So wird die physische Wirklichkeit geschaffen. Der Körper ist die Bühne für die Bilder des Bewusstseins.

Der Körper ist die Bühne für die Bilder des Bewusstseins.

Jegliche Abweichung aus einer harmonischen, ausgeglichenen Körperhaltung und -bewegung ist daher eine Abweichung oder Störung der seelischen Ordnung. Das entstehende innere Ungleichgewicht drückt sich durch den Körper durch entsprechende Äußerungen aus. Diese äußeren Signale geben uns den Hinweis, dass die Seele des Menschen einen bestimmten Mangel leidet. Durch die Kompensation in die Körperlichkeit gibt sie uns selbst und jedem Betrachter dies deutlich zu verstehen.

Diese äußeren Signale geben uns den Hinweis, dass die Seele des Menschen einen bestimmten Mangel leidet.

Um von diesem Ansatz her die Körpersprache zu deuten, helfen uns die bildhafte Sprache und ein gutes Ohr für die Hintergründe und Doppeldeutigkeit von einzelnen Worten. Sprache beschreibt Körpersprache. Sie kennt die Zusammenhänge zwischen Körper und Seele/Geist. Wenn wir hinter dem physischen Körper den Ausdruck eines geistig-seelischen Prinzips erkennen, können wir mit Hilfe der Sprache beschreiben, was wir an körperlichen Ausdrücken vorfinden. Was wir dann mit Worten aussagen können, bezieht sich inhaltlich auf das körperliche wie auch auf den dahinterstehenden seelisch-geistigen Ausdruck. Wir müssen nur wieder hinhören und verstehen lernen.

Der Körper und seine (Seelen-) Sprache sind so eindrucksvoll ehrlich — manchmal mehr, als wir es uns wünschen! Die Wahrheit über unser teils unterdrücktes, geheimgehaltenes oder geschütztes Inneres wird gnadenlos durch den Körper sichtbar gemacht. Kein Wunder vielleicht, dass wir uns soweit von diesem Wissen entfernt haben; ungeschminkte Wahrheit kann weh tun. Doch auch wenn wir geübt sind, nur der soge-

Die Wahrheit über unser teils unterdrücktes, geheimgehaltenes oder geschütztes Inneres wird gnadenlos durch den Körper sichtbar gemacht.

nannten rationalen Wirklichkeit und der Verlässlichkeit der gesprochenen Worte zu vertrauen: Wir können nicht immer weg-sehen, weg-hören und nicht-verstehen! Je bewusster wir die körperlichen Erscheinungen betrachten und deren seelisch-geistige Botschaften verstehen, desto eher sind wir in der Lage, uns selbst zu erkennen, wahrheitsgemäß darüber zu kommunizieren und dies auch beim Gesprächspartner zu tun. Solange wir das Außen „nur" als mechanisches Geschehen betrachten und keine Beziehung zum Inneren herstellen, werden unsere Kommunikationsversuche, die aggressiven Erscheinungen und deren Erklärungen oberflächlich, verschleiernd und missachtend sein. Erst in der einheitlichen Verbindung von Körper, Geist und Seele können wir das Prinzip begreifen: wie Innen so Außen.

Außen und Innen: Körper und Seele/Geist

Denken Sie zum Beispiel 20 Mal hintereinander „Ich bin unfähig und hilflos". Das zugehörige Gefühl von Minderwertigkeit beschleicht Sie schon nach kurzer Zeit und bei ständiger Wiederholung wird es immer stärker.

Der Körper ist die Form, das Außen, während die Seele/der Geist den Inhalt, das Innen ausmacht. In der Form (Körper) manifestiert sich die dahinterstehende seelisch-geistige Idee. Somit ist kein Körper und dessen Bewegung Zufall im gebräuchlichen Sinne, sondern immer ein Resultat seiner seelisch-geistig wirkenden Kräfte. Ein Gedanke, der mit viel Kraft ausgesendet wird, schafft ein entsprechendes Gefühl. Denken Sie zum Beispiel 20 Mal hintereinander „Ich bin unfähig und hilflos". Das zugehörige Gefühl von Minderwertigkeit beschleicht Sie schon nach kurzer Zeit und bei ständiger Wiederholung wird es immer stärker. Der Körper drückt dieses Gefühl nun seinerseits durch hängende Schultern, gesenkten Kopf und runden Rücken aus. Der Gedanke ist Wirklichkeit geworden und als Rückschluss für Ihre Gedanken heißt es: Ich bin tatsächlich minderwertig und ich werde handlungspassiv. Der Gedanke hat sich durch den Körper verwirklicht und wirkt sich auf das Handeln aus. Deshalb sind Rückschlüsse vom sichtbaren, erfahrbaren Äußeren auf das nicht sichtbare Innere zulässig und sinnvoll.

Unser einseitiges, vereinfachtes Denken und die fehlende Unterscheidung und richtige Zuordnung von Form (Außen) und Inhalt (Innen) sind sehr bequem. Können wir doch immer wieder äußeres Geschehen, Gegenstände und noch besser andere Personen verantwortlich für unsere Beschwerden machen. Aber so machen wir uns das Leben und unsere Kommunikation, in welcher Form auch immer, schwer – denn die Verantwortung kommt früher oder später doch auf uns zurück!

Unser Körper stellt unser gesamtes seelisch-geistiges Potential dar, ebenso die verzweifelten, oft lebenslangen Versuche der Unterdrückung unliebsamer Themen, wie z.B. der Aggression. Dies kostet uns viel Energie, also Lebenskraft, die wir sinnvoller einsetzen könnten. Nutzen wir die Informationen, die uns unser Körper über uns selbst ständig vor Augen führt, können wir unsere Energie, auch die Aggressionsenergie, sinnvoll einsetzen.

Unser Körper stellt unser gesamtes seelisch-geistiges Potential dar.

Wenn uns die Form (Äußerung) nicht gefällt, dann sollten wir nicht die Bühne wechseln, sondern besser den Inhalt umschreiben, der dann aufgeführt wird. Leider hat sich in unserer heutigen Welt ersteres Vorgehen weit verbreitet – ein Trugschluss des Entrinnens. Der Körper spricht auch von diesen Versuchen (sprachlich liegt hier die Versuchung nahe!) und bleibt unser ehrlichster Begleiter – ein Leben lang.

Deutung und Wertung von Körpersprache

Eine Wertung bezieht sich immer auf ein subjektiv nachvollziehbares Wertungssystem. Und dies ist je nach Mensch, Einzelerfahrung und Lebenssituation ein anderes. Was zum Beispiel ist für Sie warm und was ist kalt? Minus 5 Grad sind für einen Eskimo als warm zu bezeichnen, obwohl bei diesen Temperaturen einem Bewohner am Äquator das große Zittern kommt. Für eine Deutung der Körpersprache ist ein solches, subjektives Wertungssystem unbrauchbar. Deutung soll die Zusammenhänge erklären, ohne sie zu werten. Deutung setzt sich demnach über die auf der Wertungsskala möglichen Pole (+ und -) hinweg. Sie vermittelt eine Einsicht der zu beschreibenden Wirkungen im ganzheitlichen Rahmen.

Deutung soll die Zusammenhänge erklären, ohne sie zu werten.

Meist sind wir uns unserer Bewertungssysteme, die aus alten Erfahrungen entstanden sind, nicht mehr bewusst. Wie ist bei Ihnen das Wort Aggression besetzt? Ist es etwas Gutes oder eher Schlechtes? Durch unsere innere Bewertung erleben und leben wir unsere eigenen Gefühle und übertragen sie auf andere. Missverständnisse und Missachtungen sind dadurch vorprogrammiert!

Durch unsere innere Bewertung erleben und leben wir unsere eigenen Gefühle und übertragen sie auf andere.

75

Kein Mensch ist im absoluten Gleichgewicht, jeder hat seine Unstimmigkeiten, die es zu erkennen und zu erlösen gilt. Die Chance auf echte Kommunikation und Verständnis der Aggression, nach innen und außen, besteht darin, die körperlichen Ausdrucksformen wahrzunehmen, sie zu respektieren und beschreiben. Dadurch steht das Thema wieder auf der geistigen Bearbeitungsebene zur Verfügung. In diesem Moment kann sich der Körper als Ersatzausdrucksbereich entspannen. Der unbewusste Konflikt wird bewusst und kann gelöst werden.

Jede körperliche Äußerung ist Ausdruck seelischen (Un-)Gleichgewichts.

Jede körperliche Äußerung ist, was sie ist: ein Ausdruck seelischen (Un-)Gleichgewichts und Hinweis auf Anerkennung: des Betroffenen selbst oder eines Gesprächspartners, der als Spiegel seine Arbeit tun kann und wird.

Körpersprache kann nicht bewerten; dies kann nur durch Beteiligte geschehen und ist immer subjektiv abhängig von Bewertungssystemen. Körpersprache beschreibt auf der sichtbaren Ebene, was nicht sichtbar bewegt. Sie übersetzt die dahinterstehenden Ebenen.

Wer also ein bestimmtes Verhalten eines anderen Menschen als unmöglich, bekämpfenswert oder hinderlich empfindet, kämpft nicht zuletzt mit der eigenen Thematik.

Die wirkliche Chance in der Deutung von Körpersprache liegt weniger in der Betrachtung anderer, sondern in der eigenen. Leider neigen wir zu Projektionen, das heißt, Unangenehmes oder Schwieriges wird nach außen, auf andere Menschen und deren (unmögliches!) Verhalten verlagert. Und von dort kommt es dann auch wieder auf uns zurück. Wer also ein bestimmtes Verhalten eines anderen Menschen als unmöglich, bekämpfenswert oder hinderlich empfindet, kämpft nicht zuletzt mit der eigenen Thematik – wie Innen so Außen. Unser Körper mit seiner unmissverständlichen Sprache hilft uns dabei auf Schritt und Tritt, diesem Schatten nach- und ihn anzugehen. Somit stellt die Körpersprache mit ihren Deutungen immer eine Möglichkeit dar, sich selbst und damit andere besser kennenzulernen, daran zu wachsen und wieder heiler, ganzheitlich zu werden. Ohne Wertungen lassen sich die Wegweiser, die uns der Körper aufstellt, leichter lesen, und wir können ihnen besser folgen.

Die Methode des Übersetzens: Analogie und Ursache

Unser heutiges Weltbild und Denken ist auf Analyse ausgerichtet und daher mechanistisch. Für den Menschen der westlichen Hemisphäre liegen alle Ursachen im sichtbaren Äußeren. Beziehungen werden durch analytische Denkschritte in Form von Ursache und Wirkung hergestellt. Um ganzheitliche Deutungen zu verstehen, müssen wir neben die Kausalität die Symmetrie stellen. Das kausale Hintereinander und die damit verbundene Analysetechnik werden ergänzt und auch ersetzt durch synchrones Nebeneinander, ausgedrückt als Symbole. Der Körper und letztlich alles materielle ist Ausdruck eines Symbols. Die nichtsichtbaren geistig-seelischen Vorgänge werden symbolisch dargestellt in allem körperlich-materiellen.

Begegnen wir einem Menschen das erste Mal, so bedienen wir uns instinktiv der Betrachtung nach Symbolen und Analogien. Wir schließen aus den Symbolen der Kleidung, der Wohnungseinrichtung, des Autos oder der Bewegungen intuitiv, ganzheitlich und analog auf seine inneren Seinsbereiche, eben als Ausdruck seines Wesens. Der Verstand als Instrument der Analyse braucht dazu Zeit, um am Schluss doch meist die bereits ganzheitlich wahrgenommenen Aussagen zu bestätigen.

Wir schließen aus den Symbolen der Kleidung, der Wohnungseinrichtung, des Autos oder der Bewegungen intuitiv, ganzheitlich und analog auf seine inneren Seinsbereiche.

Fragen wir nach den Bedeutungen von körpersprachlichen Erscheinungen und Ausdrucksformen, so können wir kausal vorgehen und damit unsere Vergangenheit als Ursache angeben. Natürlich finden wir auch hier Teile unseres seelisch-geistigen Musters wieder, welches sich beim Kind genauso wie beim Erwachsenen ausdrückt. Nur handelt es sich in der Vergangenheit wie auch in der Gegenwart immer um eine Ausdrucksform der analogen Symbolik. Die Ursache liegt in dem Menschen und nicht in den äußeren Bedingungen.

Bei der Deutung und Übersetzung von Körpersprache (und vielleicht nicht nur da) sollten wir daher auf die kausalen Zusammenhänge im Äußeren verzichten. Selbstverständlich gibt es immer eine Fülle von diesen, meist vergangenheitsbezogenen Ursache-Wirkung-Erscheinungen, die aber zur Verwirklichung des seelisch-geistigen Themas beigetragen, sie nicht verursacht haben. Um den Inhalt (geistig-seelisch) aus der Form (Körper) zu deuten, ist es nur wichtig, dass es jetzt und hier so ist, nicht, warum es ist und wie es sich verwirklicht hat.

Allein die aufmerksame Betrachtung des Körpers macht vieles bewusst. Und sobald etwas erkannt ist, wird auch meist der Wunsch nach Veränderung laut – aber Vorsicht! Hier liegt dann zunächst einmal eine schon vollzogene Bewertung vor, die zu dem Urteil geführt hat: Dies Zeichen und der entsprechende Hintergrund sind schlecht und müssen weg. Nur schaffen wir mit dem Kampf gegen etwas wieder neue Unterdrückung und damit einen weiteren Schatten. Das Erkennen heißt, etwas zu bejahen und anzunehmen, zu integrieren, nicht es so schnell wie möglich wieder loszuwerden. Erst wenn etwas integriert wurde, zum Beispiel die Neigung, alles kontrollieren zu wollen (Ausdruck hierfür sind beispielsweise ständig angespannte Hände) und klar geworden ist, dass dieser Ausdruck auch seinen Nutzen hat, kann dazu übergegangen werden, diese Neigung aus dem Extrem zu erlösen. Nur beide Ebenen zusammen schaffen wieder ein authentisches Ganzes. Die ausschließliche Veränderung der Körpersprache, um ein vielleicht „besseres" Erscheinungsbild für die Außenwelt darzustellen, schafft neue Unstimmigkeiten durch Überspannungen und keine wirkliche Veränderung. Fehlt die Innerlichkeit, wird auch hier unser Körper zum Verräter, denn er wird durch Überspannungen und unrhythmische Bewegungen unseren Täuschungsversuch entlarven.

Regeln zum Deuten von Körpersignalen:

1. Die Deutung von Körpersprache erfordert das Denken im analogen Geschehen; alles geschieht gleichzeitig, und die Ebenen Geist, Seele und Körper sind als senkrechte Entsprechungsebene zu sehen. Jeder körperlichen Ausdrucksform entspricht ein seelisch-geistiges Prinzip.

2. Der Körper kennt nur hier und jetzt. Der Zeitpunkt einer Verhaltensänderung körperlicher Art ist nicht von der Vergangenheit geprägt, sondern von den momentan auftretenden inneren wie äußeren Auslösern, wie eigene Gedanken, Gefühle und äußere Geschehnisse.

3. Unsere Sprache beschreibt und enthüllt in ihrer Doppeldeutigkeit Körpersprache.

4. Deuten Sie niemals einzelne Signale. Erst der gesamte Satz ergibt den Sinn, einzelne Vokabeln sind ohne Kontext sinnlos.

5. Körpersprache bewertet nicht. Erst aus Situationen, beteiligten Personen und der verbalen Sprache ergibt sich ein subjektives Wertungsschema. Körpersprache beschreibt seelisch-geistige Aktionen.

Aggression ist, wenn...

zwei sich streiten, die Fetzen fliegen, es laut wird oder es zu Handgreiflichkeiten kommt. Wie auch immer, meist ist das Thema negativ besetzt. Und was bei uns als „schlecht" bewertet wird, muss weg!

Aggression läßt sich aus dem Lateinischen ableiten und heißt: herangehen, vorstoßen, vordringen, angreifen. Aggression stellt eine Grundkraft oder Energie dar, deren Prinzip uns heute nicht mehr bewusst ist und wir sie daher abgewertet haben. Ohne die wirkende Kraft der Aggression würden wir nicht einmal den Geburtsakt bewerkstelligen können. Die Presswehen der Mutter stellen hier auf körperlicher Ebene die Wirkung dar und auch das Kind, welches nun mutig den Kopfsprung (im Normalfall) ins Leben wagen muss, dringt ins Leben vor. Wie am Anfang allen Lebens, stellt diese Kraft und ihr Ausdruck in der Aggression den Motor aller „Geburten" im Leben dar. Alle (Entwicklungs)Krisen stehen für eine Neugeburt und der steht die aggressive Kraft zur Verfügung. Stellen wir uns dieser Energie und entscheiden uns bewusst, kann diese Kraft sinnvoll genutzt werden.

Aggression stellt eine Grundkraft oder Energie dar, deren Prinzip uns heute nicht mehr bewusst ist und wir sie daher abgewertet haben.

Die Natur ist aggressiv

Selbst in der uns umgebenden Natur wird dieses Prinzip alljährlich deutlich. Die Sprache bietet uns eine Fülle von aggressiven Worten, die diesen Prozess verdeutlichen: die Bäume schlagen aus, Keimlinge durchbohren die Erde, der Salat schießt, Knospen sprengen ihre Hüllen. Dies alles geschieht natürlich. Der Mensch hat in seinem Bereichen hier eine Bewertung des böswilligen und brutalen mit diesen Ausdrücken verbunden — und die natürliche Erscheinung und das dahinter wirkende Prinzip verdreht. Diese Verdrehung fordert dann im Außen, dass aus einem schaffenden, erlösenden Prinzip Krieg und Brutalität entsteht. Statt dessen könnten wir mit der Kraft der Aggression mutiger leben lernen, entschlossene Schritte in neue Bereiche vornehmen, Proble-

Die Sprache bietet uns eine Fülle von aggressiven Worten: Die Bäume schlagen aus, Keimlinge durchbohren die Erde, der Salat schießt, Knospen sprengen ihre Hüllen.

*Entscheidungs-
schwäche und ver-
drängte aggressive
Kraft fordern ihren
Tribut.*

me auf geistiger Ebene in Angriff nehmen, alte Grenzen verletzen um geistiges Neuland zu erobern. Statt Entscheidungen
zu treffen und eine Streitkultur zu entwickeln, uns mutig geistig zu stellen und auseinanderzusetzen, versuchen wir (und
dann liegt die Versuchung nahe!), betont friedvoll zu leben —
und ernten das Gegenteil. Entscheidungsschwäche und verdrängte aggressive Kraft fordern ihren Tribut. Diese Kraft
wird sich ihren Weg bahnen, und wir werden das Ergebnis
eine Katastrophe nennen.

Aggression und Depression

*Alles, was wir ver-
drängen, beseitigen
oder vernichten wol-
len, kommt mit der
selben Kraft der
Verdrängung auf
uns zurück.*

Gerade weil die heutigen, sogenannten Erwachsenen das entschlossene Herangehen an die Dinge ablehnen, ist die aggressive Kraft unser Feind geworden und schafft daher die
Probleme. Denn alles, was wir verdrängen, beseitigen oder
vernichten wollen, kommt mit der selben Kraft der Verdrängung auf uns zurück — nur leider aus dem unbewussten
Bereich. Was man lange unterdrückt, bedrückt, was man
lange verdrängt, bedrängt. Aus Aggression wird Depression.
Dabei ist Depression vor allem der Zustand der durch Selbst-
unterdrückung ausgelösten Sehnsucht nach Ruhe. Das Bewusstsein erzwingt ein „Insich-gehen" und „-schauen".
Depression will Stille, Dunkelheit und keinen Kontakt. Depression ebenso wie Aggression wird zum Selbstschutz. Ist
der Raum für Aggression im freien Sinne nicht vorhanden,
erzwingt sich die polare Seite der Medaille ihren Raum.
Schattenseiten erscheinen dabei dann gefährlich und machen
Angst.

Angst

*Angst und Aggres-
sion, sind untrennlich
miteinander verbun-
den.*

Angst kommt von Enge (lat.: angustus). Immer wenn eine
äußere oder innere Situation eng wird, haben wir Angst. Um
diese Enge, sei es im Geburtskanal (körperlich) oder in einer
seelisch-geistigen Notlage, zu bewältigen, indem wir sie angehen und vorstoßen, um auf einen weiteren, erweiterten
Raum zu stoßen, benötigen wir die Aggressionsenergie.
Angst/Enge und Aggression, als Lebens- und Erweiterungs-
kraft sind untrennlich miteinander verbunden.

Jeder Lebensabschnitt hat seine Angstmomente, die es zu
lösen gilt, um sie auf einer erweiterten, nächsten Stufe ins

Leben zu bringen. Ist der körperliche Akt bei der Geburt mit seinem Enge- und Aggressionsprinzip noch relativ leicht nachvollziehbar, so wird dieser Vorgang beim nächsten Entwicklungsschub schon etwas komplexer. Der Übergang vom Kindsein ins Erwachsenendasein birgt neben der körperlichen Veränderungskraft auch das seelisch-geistige (Innere) Enge/Angstpotentiale in sich. Ängsten kann nur mit Mut begegnet werden. Mutproben zur Überwindung dieser Ängste sind die Initiation zum mutigen Angehen der neuen, unbekannten (Lebens)Ebene. Die Aggressionen, die natürlich zur Verfügung stehen, um diese Passage des Lebens zu ermöglichen, wurden in früheren Zeiten in Form von Ritualen für Jugendliche von den Erwachsenen geführt und damit in verkraftbare Bahnen gelenkt. In unserer Kultur (?) ist nur noch die Kommunion/Konfirmation als rudimentäres Überbleibsel zu beobachten und leider oft bis auf die kommerzielle Ebene verkommen.

Ängsten kann nur mit Mut begegnet werden.

Wen wundert es da, dass in unser heutigen Gesellschaft, die kaum noch gelungene Übergänge ins Erwachsenendasein verzeichnen kann, die Aggressionsenergie bedenkliche Bahnen nimmt und wir es mit einer gefährlichen kindischen Gesellschaft zu tun haben. Nicht ge- und erlöste Konflikte der Aggression in Angst-/Engesituationen werden weitergetragen und finden auf der nächsten Ebene ihren oft lächerlichen Ausdruck. Ersatzmutproben für Pseudoerwachsene, die sich noch als Halbstarke darstellen und sich beweisen wollen, um als Erwachsene anerkannt zu werden, bieten z.B. die Vielzahl von Vergnügungsparks mit abenteuerlichen, angsteinflößenden (hier wird bewiesen, dass die innere Angst überwunden wird) Spielgeräten an. Selbst die auf groß angelegtes „Massentrinken" spezialisierten „Feste" (Schützenfeste, Oktoberfeste, oder Volksfeste) geben ein Zeugnis, des Sich-Mut-Antrinkens, um sich endlich stark und erwachsen zu fühlen.

Wen wundert es da, dass in unser heutigen Gesellschaft, die kaum noch gelungene Übergänge ins Erwachsenendasein verzeichnen kann.

Auch die gängigen Fernsehsendungen sind nicht etwa ein Programm für Erwachsen, sondern spiegeln eher die große Gemeinde der Anhänger von Kindergartensendungen. Gameshows, Soapoperas und dümmliche Actionfilme sind sicher nichts Anspruchsvolles für Erwachsene. Auch das weitverbreitete Kinderessen in Schnell-Futter-Restaurants (Rest= Ruhe?) lässt auf eher kindliche(n) Geschmack(losigkeit) deuten, als auf anspruchsvolle Erwachsene, die ihre Hühnchen bereits selber schneiden können und nicht in mundgerechter Würfelform vorfinden müssen.

Fehlende Vorbilder

Angst/Enge und Aggression sind lebensnotwendig.

Angst/Enge und Aggression sind lebensnotwendige und -fördernde Energien und lassen sich zum entwicklungsbedingten, richtigen Zeitpunkt durch bewussten Umgang lösen. Verdrängte Elemente hingegen werden mitgeschleppt und tragen zu ungewöhnlichen Auswüchsen bei. So ist es nur verständlich, dass die nachfolgende Generation kein Vorbild für den richtigen Umgang, besonders im Übergang Pubertät-Erwachsenendasein findet, und ihre eigenen Versuche startet. Aber selbst die Ersatzmutproben in diesen Jahren, wie zum Beispiel S-Bahn-Surfen oder nächtliches, heimliches Sprayen an verbotenen, öffentlichen Gebäuden, werden kommerziell genutzt, indem die Industrie Extremsportgeräte herstellt (Inlinescating ist Hochgeschwindigkeit ohne effektiven Aufprallschutz) oder die Machwerke der Sprayer zu Kunstwerken gewandelt werden. Statt dessen sollte sich die vorhergehende Generation eher Gedanken über die Signale und Hintergründe machen und die Ursachen (bei sich selber) bearbeiten. Die gewaltigen Ausmaße sind nur eine Aufforderung, endlich eine erwachsene Gesellschaft zu gestalten, die mit Aggression und Angst/Enge angemessen umgehen kann.

Aggressive Merkmale im körperlichen Bereich drücken sich vielfältig aus.

Aggressive Merkmale im körperlichen Bereich drücken sich vielfältig aus. Wo im gesprochenen Wort die Sprachgewalt zum Ausdruck kommt, der Körper jedoch nicht mehr die entsprechenden Handlungen ausführen darf (hier wirken Erziehungs- und Unterdrückungsmuster), kommt es zwangsweise zu Symptomen und Signalen der Körpersprache. Am Beispiel von Beobachtungen Erwachsener im beruflichen Feld des Management sollen nachfolgend diese Merkmale verdeutlicht werden.

Körpersprache, Aggression und Management ist, wenn...

sich Angst/Enge durch Aggression lösen will und bei Machern/Managern in Sprachgewalt sowie Körper(sprachlichen) symptomen der Verdrängung verwirklicht wird.

Besonders im Management kommt es zur Freisetzung von Umsetzungsenergie = Aggressionsenergie. Vor 20.000 Jahren haben sich die Jäger (heutigen Manager) durch aggressive Handlungen verteidigt oder Nahrung beschafft. Die heutige Managementebene ist weiterhin eine Form der Mamm-ut-on-jagd. Auch wenn das vor 20.000 Jahren weitaus gefährlicher war, scheint es heute bei genauer Betrachtung nicht weniger existentiell zu sein. Nur wurden zu früheren Zeiten vor Beginn der Jagd bewusste Rituale veranstaltet, die die Aggression gemeinschaftlich ausrichtete. Es musste vermieden werden, dass sich diese Energie gegeneinander richtete; die Gruppe musste unantastbar sein. Die heutigen Arbeitsbesprechungen, Sitzungen und Versammlungen dienen dem gleichen Zweck nur unbewusst. Gerade das heutige Management hat eine Fülle von Riten, denn die Jagd muss enthemmt und aggressiv sein, um erfolgreich zu enden. Im Gegensatz zu unseren Vorfahren ist heute jedoch eine bedenkliche Verschiebung von „Jagd und Beutegeniessen" zu beobachten. Früher wurde nur alle paar Wochen gejagt. In der übrigen Zeit lebten die Menschen von der Beute der vergangenen Jagd und gaben sich der Muße (siehe Depression!) hin. Die persönlichen Elemente von Zuneigung, Kunst (übrigens Männersache!), Kreativität und Liebe fanden ihren Raum. Heute fehlt eben dieser Raum, da ständig gejagt wird. Selbst in der Freizeit werden aggressive Energien umgesetzt. Der gesamte Raum, der dem einzelnen Menschen zur Verfügung steht, ist nunmehr einseitig durch Aggressionsenergie besetzt. Selbst wenn kein Radio irgendwo dudelt oder die Fernseher und Handys mal ausgeschaltet sind, herrscht im Äther ein ständiger Impulsregen, dem wir uns höchsten auf dem Himmalaja entziehen könnten. Impulse sind immer von aggressiver Natur. Aggression als Energie (wie alles auf dieser Welt) kann aber in verschiedene Richtungen gelenkt werden. Wie es die Menschen vor 20.000 Jahren getan haben. Also auch kreativ, zwischenmenschlich und liebevoll. Dazu braucht es heute allerdings einen Bewusstseinszustand, der frei von Enge/Angst ist.

Gerade im Management herrscht ausnahmslos Enge/Angst. Daher auch im sprachlichen wie körpersprachlichen Bereich ausgedrückte, gestaute oder unterdrückte Aggression. Allein schon die Enge, gestaltete durch Arbeitsbereiche, Gelder (Mittel) oder Kompetenzen sind ein beliebtes Druckmittel (der obersten Jagdherren), das aggressiv und erfolgreich für die Führungseben des Unternehmens macht.

Gerade das heutige Management hat eine Fülle von Riten, denn die Jagd muss enthemmt und aggressiv sein, um erfolgreich zu enden.

Angst vor Beuteknappheit und Revierverlust

Äußere Angst/Enge wird ständig durch den drohenden Verlust der Arbeitsplätze und den damit verbundenen Ängsten erzeugt. Das Selbstwertgefühl ist abhängig von äußeren Statussymbolen geworden; sogar der Verlust der Existenz (ganzheitlich betrachtet eine Unmöglichkeit!) hängt mittelbar davon ab. Jedes Unternehmen gibt direkten oder indirekten Druck dieser Art bei Umsatzrückgang oder Konjunkturflaute auf seine Mitarbeiter weiter. Druck erzeugt Gegendruck — der sich hierarchisch weiterleiten lässt.

Archaisch betrachtet bedeutet ein Arbeitsplatz mit entsprechender Macht das Anrecht auf ein Jagdrevier mit entsprechender Beutegarantie. Bewusste oder unbewusste Angst/Enge, nicht (noch !?) mehr Beute machen zu können, führt zu nimmersatter Gier. Ausdruck im Körper ist hier der Bereich des Beckens. Hier liegt das Zentrum des Antriebs: das Ego, die eigenen Wünsche und Bedürfnisse eines jeden Menschen. Diese Energie zur Verwirklichung des eigenen Lebenszieles ist zum Überleben absolut wichtig. Erst die Übertreibung, meist ausgelöst durch nicht genügende (oder zu viel) Unterstützung der Person in seinen eigenen Bestrebungen (Ausdrucksbereich im Körperlichen ist der untere Rücken; „jemanden den Rücken stärken, hinter ihm stehen") führt dann auch im verbalen Verhalten zu Egoismus — ausgedrückt durch das nach vorne geschobene, fordernde Becken. Gerade Manager in oberen Hierarchiebereichen neigen zu solchen Beckenstellungen, meist noch ergänzt durch einen ausgeprägten Ernährungsanteil, der die Suche (Sucht) nach materieller Erfüllung ausdrückt. Aber wo etwas drückt, finden sich auf der Kehrseite auch immer die körperlichen (= seelisch-geistigen) Beschwerden. Bandscheibenvorfälle im unteren Rücken gehören zum deutlichen Zeichen der Übertreibung und stellen ein autoaggressives Signal dar. Auf der bewussten Ebene wäre durchaus ein Umgang im Mittelmaß denkbar. Sich durchsetzen und seine Ansprüche zur Geltung bringen, als Ausdruck seiner Aggression zum Überwinden der „Beuteangst", ohne gegen jemanden anderen anzukämpfen, sondern für sich einzutreten und die Energie damit sinnvoll zu nutzen, ist die Lösung der Situation. Bisher treten ausgeprägte, fordernde Egos gegeneinander an, und der Kampf im Außen ist die Folge.

Die generell zu beobachtende Angst vor Verlust von Beuterevieren = Märkten führt durch die entstehende Aggressionskraft zu kriegerischem Kampfverhalten. Schlagkräftige Argumente werden ausgetauscht; der Kampf um den Markt und den Kunden muss um jeden Preis gewonnen werden.

Die generell zu beobachtende Angst vor Verlust von Beuterevieren = Märkten führt durch die entstehende Aggressionskraft zu kriegerischem Kampfverhalten.

Angst vor Veränderung

Die Angst vor Veränderung bringt verbal und non-verbal so manches Festhalten an pubertären Verhaltensweisen zum Vorschein. Spannungen im Körper, besonders im Kopf-Nackenbereich und in den Händen sprechen Bände darüber.

Der Kopfbereich und seine freie Beweglichkeit durch den Hals steht für unsere Einsichtsfähigkeit (Kinder dagegen sind oft trotzig und noch weniger einsichtsfähig). Wird jedoch der Kopf vor dem restlichen Körper geführt, so entsteht eine gewisse Halsstarrigkeit und beschränkte Einsichtsfähigkeit. Zwar wird so die Informationsaufnahme mit der Nasenlänge Vorsprung gefördert, jedoch die ganzheitliche und damit veränderbare Möglichkeit der Einsichtsfähigkeit ausgeschaltet. Die Sprache benennt klar und eindeutig, was wir sehen können: den Führungskopf! „Seinen eigenen Kopf durchsetzen", ohne die Gesamtheit wahrzunehmen, ist Ausdruck von Starrheit, Aggression gegen jemanden und keine erlöste Form des Umganges miteinander. Lösung heißt körperlich entspannen und zulassen. Um dies im Kopf-Nackenbereich zu erreichen, muss auf ursächlicher Ebene (ge)locker(t) werden: den Knien. Ausdrucksbreich für die Beugsamkeit oder Starrheit unseres Standpunktes. In einem angemessenen Rahmen wäre hier die Flexibilität eines Geistes ablesbar. Gewünscht wäre eine freie Entscheidung je nach Situation. Zu finden ist jedoch meist eine starre Haltung der Knie. Durchstehen um jeden Preis, bloss nicht den Boden unter den Füßen verlieren oder eine Handbreit vom (geistigen) Terrain abweichen! Kein Wunder, dass in *Abb. 1* der Gesprächspart-

„Seinen eigenen Kopf durchsetzen", ohne die Gesamtheit wahrzunehmen, ist Ausdruck von Starrheit.

Abb. 1

85

ner keine freundschaftliche Handhaltung bei soviel Starrheit und Kopflastigkeit hervorbringen kann und will.

Angst vorm Angriff

Neben den Neigungen, an alten, meist überholten Handlungsstrategien (auch ein kriegerisches Wort!) festzuhalten, zeigen die Haltungen der Hände auch die Angst vor selbstbewussten, erwachsenen Handlungen, ohne sich von den Handlungen und Meinungen anderer angegriffen zu fühlen.

Eine souveräne Handhaltung zeichnet sich dadurch aus, dass die Handflächen ohne Spannung zum Körper zeigen und bei entsprechenden Worten beschreibende Gestik ausgeführt wird. Die Hand als Signal unserer Handlungsabsichten – körperlich wie geistig – zeigt unsere Einstellung zum Gegen-

Abb. 2

über. Gerade in Verhandlungssituationen geht es nicht offen und ehrlich zu. Denn wer, wie in *Abb. 2* seine Faust und damit eine Waffe einsetzen muss, um seine (schlagenden) Argumente klarzumachen, ist sicher unbewusst aggressiv, statt bewusst souverän. Ebenfalls auf *Abb. 2* sehen Sie eine beliebte Schutzmaßnahme gegen das Sich-Angegriffen-Fühlen. Der Zeigefinger steht analog für das Wissen. Leider verschaffen wir uns oft über ein „Besserwissen" eine innere Überlegenheit auf geistigem Gebiet. Die kann jedoch nur zustande kommen, wenn das innere Denken heißt: „Ich weiß es besser, und der andere ist dumm!", Selbstwert-

„Ich weiß es besser, und der andere ist dumm!" Selbstwert-erhöhung auf Kosten des Anderen.

erhöhung auf Kosten des Anderen. Annehmbarer ist da sicher „Ich bin auf diesem (Wissens)Gebiet erfahren, der andere in einem anderen." Daraus würde sich körpersprachlich die offene, gebende, aber auch verletzbare Hand zeigen. Alle angespannten, schützenden, krallenden oder (in Hosentaschen) versteckenden Haltungen der Hände zeigen entsprechende innere Haltungen im Handlungsbereich. Hier spricht der Körper über eine Menge Angst vor (erneuten) Verletzungen und eine ständiges „Sich-Angegriffenfühlen".

(Schreib)Tische dienen als Barrieren. Der in *Abb. 2* darge-
stellte ist ein noch eher kleineres Exemplar. Je weiter der Abstand der Gesprächspartner, um so größer der Schutz vor
(geistigen) Angriffen. Aber auch die Kommunikationsfähig-
keit leidet. Erreichen nämlich die Worte die Personen nicht
mehr, muss gebrüllt werden. Wird der Abstand oder die innere und äußere Distanz noch größer, werden Geschosse zum
Kommunikationsinstrument. Diese müssen nicht immer aus
Steinen, Raketen oder Bomben bestehen; auch Wortgeschosse
von (kriegs)listigen Anwälten dienen dem gleichen Zweck.

Eine weitere Angst vor Übergriffen zeigt das rituelle Verhalten in bezug auf Territorien. Damit gemeint sind Raum,
Zeit und Wissen. Räume sind Schutzzonen für den jeweiligen
Besitzer. Jeder Fremde hat kulturell festgelegte Riten einzu-
halten, um nicht als Feind eingestuft zu werden. Beginnend
mit dem Anklopfen oder Klingeln – hier wird um Einlass ins
Territorium gebeten -, dem Begrüßungsritual (so manche Begrüßung unter Managern wird da schon mal zum Kräftemessen unter Halbstarken) und weiter bis zum Platzzuweisen: alles unterliegt archetypischem Respektsverhalten. Jede Verletzung wird geahndet. Besetzung des „Hausherren"-Stuhls
wird mit dem Tötungsblick bestraft. Unterlagen in den Raum
des Gegenübers gehalten, ohne an der gedachten Mittellinie
Halt zu machen, ist eine Verletzung des Luftraumes und hat
Rückzug zur Folge. Jegliche Verspätung ist ein Eingriff in den
freigegebenen Lebens-zeit-raum eines Menschen! Nicht nur
im Management wird daher so sehr auf die Einhaltung dieser
sogenannten Höflichkeitsregeln geachtet. Erworbenes (er-
kämpftes?) Wissen stellt ebenfalls ein Territorium dar, nämlich das Wissensgebiet. Rituell werden Übergriffe durch Fragen nach Titel und Beruf bereits weitgehendst vermieden.
Sollte dennoch ein nicht autorisierter durch unsachgemäße
Äußerungen vordringen, wird er mit bissigen Bemerkungen
schnell in seine Schranken verwiesen: „Darf ich fragen, wo-
her Ihr angebliches Wissen über die Atomspaltung und deren
Folgen stammt?" Hier könnte der Professor für Physik sein
Wissengebiet durch Sprachaggression geschützt haben...

*Manche Begrüßung
unter Managern wird
zum Kräftemessen
unter Halbstarken.*

Angst vor stärkeren Gegnern

Das Sitzverhalten von Managern ist oft ein aus den Pubertätsritualen stammendes Imponiergehabe des Männchens.

Nur ein noch nicht vollwertiges Männchen fürchtet den stärkeren Gegner. Erwachsene kennen ihren Stellenwert und ihre Fähigkeiten (in der Jagdgruppe) und sind sich ihrer Stärken bewusst.

Das Sitzverhalten von Managern ist oft ein aus den Pubertätsritualen stammendes Imponiergehabe des Männchens. Das Spreizen der Beine und damit Demonstrieren der Genitalien heißt soviel wie „Ich bin das stärkere Männchen, du kannst mir nichts anhaben!" Die Barrierehaltung – das Überkreuzen eines Beines – ist dann schon eher eine leichte Zurücknahme dieses offenkundigen Imponier- und Aggressionsverhaltens. Der – hoffentlich sprachliche – Angriff könnte verletzen, das Bein wird schützend dazwischengestellt. *(Abb. 3)*

Abb. 3

Angemessene Sitzhaltungen zeichnen sich durch hüftbreite Beinstellungen aus. Der Oberkörper befindet sich in der Senkrechten und zeigt damit die innere wie äußere Aufrichtigkeit. Wo diese fehlt, kann nur auf ursprüngliches, unbewusstes Verhalten zurückgegriffen werden. So wird dann so manche Entscheidung nur durch Aussitzen, ohne die notwendige (geistige wie körperliche) Bewegung herbeigeführt. Denn wenn wir festsitzen (Enge!), kann sich nicht viel bewegen! Und das wiederum macht aggressiv...

Ellenbogen, die nach Außen ausgestellt werden, schützen die empfindliche Flanke.

Ellenbogen, die nach Außen ausgestellt werden, schützen die empfindliche Flanke. „Jemanden in die Seite fallen" weiß die Sprache zu berichten. Aber muss sich ein innerlich ruhender und bewusster Mensch gegen Seitenhiebe schützen? Oder erkennt er diese bereits im Vorfeld und kann ihnen gezielt begegnen? Schauen Sie sich einmal um: egal wo Menschen in Nahbereichen zueinander in Kommunikation treten, immer wieder wird durch Ellenbogen die unbewusste Bedrohung und Verletzbarkeit demonstriert. Mit Ellenbogen kann sich auf der anderen Seite aber auch gut durchgesetzt werden...

Gleichzeitiges Verbergen der Handlungen (Hände) und einseitiger Standpunkt (nur ein Bein wird belastet) zeigen die verschiedenen Angstbereiche der Menschen. Sinnvolles Umgehen mit Verletzbarkeit, Offenheit und verschiedenartigen Standpunkten, als Ausdruck der Dualität, sind hier das eigentliche Ziel für einen friedvolleren Umgang miteinander.

Abb. 4

Wenn wir die Aggressionsenergie nicht bewusst für sinnvolle Lernbereiche einsetzen, dann werden wir uns auch weiterhin beschießen. *(Abb. 4)*

Blicke töten

Egal aus welcher Angst/Enge entstanden — die schnellste Möglichkeit Aggressionen gegen jemanden zu entladen, sind Blicke. Jeder hat schon einmal den Blick im Rücken gespürt, der einen zu durchbohren drohte. Aber auch den Tötungsblick haben wir schon erlebt. Dem Sender selbst ist jedoch diese Qualität seines Blickes nicht ein-sichtig — er kann nur an der Re-aktion seines Gegenübers die (hoffentlich) richtigen Schlüsse (auf sein eigenes mimisches und inneres Ausdrucksverhalten) ziehen. Worte können nur schwer beschreiben, was Blicke und Augenstellungen sagen und auswirken können. In einem Augen-blick ist mehr gesagt, als es 1.000 Worte vermögen. In Verbindung mit dem Mund können Augensignale wiederum verschiedenste Signale geben. Die Zähne zeigen (=Lachen) heißt, „ich kann dich beißen" (Zähne

Die schnellste Möglichkeit Aggressionen gegen jemanden zu entladen, sind Blicke.

als Waffe). Die Augen sagen dann, ob „es" getan wird (bissige Worte folgen) oder ob ein Spiel gemeint ist (Ironie, Scherz) So oder so bedarf es keiner großen Worte mehr; das Spiel oder der Kampf kann beginnen. *(Abb. 5)*

89

Angst vor Machtverlust

Jede Lebenskrise hat ihre Chancen und Gefahren.

Irgendwann kommt der Zeitpunkt, wo sich das ins materielle Ausweiten und Erwerben umkehrt und der Rückweg eingeschlagen wird. Allgemein spricht man hier von der Midlife-Crisis. Wie bereits erwähnt, hat jede Lebenskrise ihre Chancen und Gefahren. Auch an diesem Punkt der Entwicklung wirkt die Aggressionsenergie als Umsetzungsenergie. Wurde bis zur Lebensmitte das Augenmerk auf die Beschaffung und Hortung von Materie gelegt, gilt es nun allmählich von dieser Ebene Abschied zu nehmen und geistige Güter zu sammeln. Selten gelingt die problemlose Hinwendung zu den geistigen Themen des Lebens. Zu sehr wird festgehalten am Alten, und besonders schwer scheint das Aufgeben der alten Jagdgründe zu fallen. Da ist es dann nicht erstaunlich, wenn über 70jährige, die längst ihre Energie in andere Bereiche dieses Lebens stecken sollten, noch immer in Positionen sitzen, die Weltgeschehen praktisch lenken und möglicherweise verderben können.

Die lange Löwen-mähne ist ein ideales Lockmittel und zeigt bereits, in welchen Händen die Macht (im Hause) wirklich liegt.

Körperliche Zeichen für diese Angst des Machtverlustes gibt es reichlich. Haare gelten als Ausdruck der Macht. Besonders Frauen wissen um dieses Signal. Die lange Löwenmähne ist ein ideales Lockmittel und zeigt bereits, in welchen Händen die Macht (im Hause) wirklich liegt. Der Haarausfall als weitverbreitetes Zeichen der Herren jenseits der Lebensmitte zeigt die ungelöste Problematik. Wo nicht auf der eigentlichen, geistigen Ebene das Thema behandelt wird, übernimmt, wie immer, der Körper den Ausdruck dafür. Er gibt uns bei richtigem Verständnis immer eine Chance für die angemessene Veränderung.

Sogenannte Alters-erscheinungen und -krankheiten sind bei genauer Betrachtung oft ein Ausdruck der Autoaggression.

Auch die lebenslange Suche (Sucht) nach Er-füllung und Wohl-stand drücken die Körper in diesem Lebensabschnitt nur allzu deutlich aus. Die Erfüllung hat bisher nur materielle/körperliche Fülle gefunden und der zu wohle Stand wird am Leib oft zum Übel. Die einhergehende Gewichtigkeit mag nach jahrelangem Kampf im Management so manche Schlacht für sich gewonnen haben; jetzt ist es Zeit, den nachgewachsenen materiellen Jägern das Feld würdevoll zu überlassen und sich neuen, geistigen Gebieten zuzuwenden. Die Verbissenheit (Kiefer die starke Prägung erfahren haben, Zähne die den Druck nicht mehr ausgehalten haben und erneuert werden mussten), die Unempfindsamkeit (die Lippen als Ausdruck unserer Empfindsamkeit stellen oft nur noch einen Strich dar) und (Gefühls)Härte sich selbst und anderen gegenüber, sind Ausdruck einer jahrelangen inneren wie äußeren Haltung, die nicht bewusst mit den Aggressionsenergien umgegangen ist. Sogenannte Alterserscheinungen und -krankheiten sind bei genauer Betrachtung oft ein Ausdruck der Autoaggression. Gegen den eigenen Körper gerichtet, stellt diese Energie genauso viel Schaden und Zer-störung an, wie gegen feindliche(?) Menschen und Länder abgeworfene Bomben.

Freiheit von Enge und Angst

Eine souveräne Körperhaltung ist frei von Über- und Unterspannungen. Die bereitstehende Energie wird situativ in die entsprechenden Denk- und Körperprozesse umgesetzt. Aggressionsenergie ohne eine Beengung, Begrenzung oder Angst umsetzen heißt, kreativ für sich selbst einzutreten und geistig-seelisch-körperliche Erweiterung anzugehen. Nicht gegen Andere die Kraft einsetzten, sondern für sich! Allein im Sprachgebrauch würde sich vieles ändern: wir wären nicht mehr gegen Tierversuche, sondern für...? Nicht mehr gegen Kriege, sondern für Frieden. Jeder Gedanke bei entsprechend häufiger Wiederholung hat die Tendenz sich materiell zu verwirklichen. Solange wir also gegen etwas die Energie aufbringen, werden wir genau das ins Leben bringen. Solange wir Aggression als etwas Negatives ansehen, werden wir sie als solche erleben. Unsere Körper stehen dabei als Erfahrungsbereich für alles Materielle. Entscheidungen sollten aus Ruhe und Gelassenheit getroffen werden. Heute stehen wir alle unter Druck – hausgemachtem –, die Entscheidungen können nur Ausdruck der Aggression im zerstörerischen Sinne sein. Kreativität und Vernunft brauchen Freiräume. Diese sind jene ohne Angst und Enge. Jeder von uns muss lernen, den eigenen Weg zu gehen und das Anderssein zu respektieren. Die Aggressionserergie, die wir momentan noch gegeneinander verwenden, kann uns viel mehr auf unserem eigenen Weg, bei der Verwirklichung der persönlichen Lebensziele nützen. Wo keine Angst vor Neuem, sondern Vertrauen und Erwartung herrscht, kann alles, was das Leben anzubieten hat, gemeistert und gelebt werden. Mit mehr Mut

Nicht gegen Andere die Kraft einsetzten, sondern für sich!

Mit mehr Mut zum Leben können wir alle Macher=Manager unseres persönlichen, geistigen wie körperlichen Reiches werden. Die Lebens- und Umsetzungskraft dazu haben wir alle im Übermaß: Aggression.

91

zum Leben können wir alle Macher=Manager unseres persönlichen, geistigen wie körperlichen Reiches werden. Die Lebens- und Umsetzungskraft dazu haben wir alle im Übermaß: Aggression.

Georges T. Roos

Warum die Lust am Bösen ihr Gutes hat

Eine Warnung vor dem Ethik-Trend

> „Du sollst nicht begehren (...) nach irgend etwas
> was dein Nächster hat."
> (2. Buch Mos. 20,17)

Um die Moral steht es schlecht zum Ende des 20. Jahrhunderts. Den Damen und Herren Managern gehört diese Klage ganz besonders unter die Nase gerieben, denn sie sind — am göttlichen Dekalog gemessen — die Inkarnation des Unmoralischen selbst und investieren (etwa am *Gottlieb Duttweiler Institut,* Rüschlikon/Zürich) im Aggressionstraining Zeit und Geld, darin noch besser zu werden. Der Wunsch zu haben, was andere haben, die Unersättlichkeit des Begehrens, ist geradezu der Motor des kapitalistischen Wirtschaftens. Er findet nicht den Gefallen des jüdisch-christlich-arabischen Gottes, der diesen Wunsch moralisch ebenso verwirft wie etwa Diebstahl, Ehebruch, Meineid oder Mord.

Manager scheren sich nicht darum, im Gegenteil. Sie reitet die Lust am Bösen. Ihr einziges Problem: Sie sind noch nicht böse genug. Andernfalls hofften sie nicht darauf, nach dem erfolgreichen Aggressions-Enthemmungsprogramm gestärkt den Shareholder-Value zu maximieren, skrupellos(er) vornehmlich altgediente Mitarbeiter auf die Straße zu stellen, die Umwelt gewissenlos zu verschmutzen und mit Steuertricks den totgesagten Nationalstaat zu schwächen. Nicht zuletzt soll das Aggressionstraining helfen, Emporkömmlinge im Unternehmen zu drücken, tatendurstige Vorstandskollegen kaltzustellen und die Insignien der Macht zu verteidigen.

Die Lust am Bösen ist trendy. Das Seminar „Schnell, provozierend, gemein"[1] ist dafür ein gutes Beispiel: Es ist vierfach überbucht und auch für unser „Machiavelli-Consulting" führen wir eine Warteliste. Der Buchmarkt bringt Blüten des Bösen hervor, z.B. *Richard Herzingers* „Die Tyrannei des Gemeinsinns", das ein Bekenntnis zur egoistischen Gesellschaft abgibt, *Rüdiger Safranskis* „Das Böse" oder *John D. Caputos:* „Against Ethics". „I am against ethics. Here I stand. I cannot do otherwise", beichtet uns letzterer und *Martin Seel* meint philosophisch vertrakt: „Der gute Mensch ist nicht ganz so gut wie der nicht ganz so gute Mensch." Mit *Alexander Schuller* können wir sagen: Wenn die Welt trivial wird, reizt das Böse als das Nichtbanale.

Der Egoist ist ein Stein des Anstoßes, weil er die eigennützigen Motive ausplaudert, die alle unter dem Deckmantel von Menschenliebe und Kooperationsbereitschaft zu verschleiern versuchen

Die Trivialität ist aber nur die halbe Wahrheit. Hinter dem „Megatrend zum Bösen" (*Norbert Bolz*) steckt sein Gegenteil. Die satanischen Verslein sind ein Befreiungsschlag der Macher und Weltbeweger, die genug haben von der süßen und klebrigen Masse all des Guten, das über die ganze Welt sich zu legen scheint. Der Egoist muss niedergeschrien werden, so *Herzinger*, weil er für „einige Augenblicke den Schleier der Phrasen vom Wahren und Guten zerreißt, mit denen sich die Gemeinschaft rituell ihrer Harmonie versichert. Der Egoist ist ein Stein des Anstoßes, weil er die eigennützigen Motive ausplaudert, die alle unter dem Deckmantel von Menschenliebe und Kooperationsbereitschaft zu verschleiern versuchen." (in: gdi-Impuls 1/98) *Herzinger* schwenkt auf die Linie des Provokateurs *Friedrich Nietzsche* ein, der die Moral aus dem Ressentiment entstanden sieht. Nach *Nietzsche* gelang es den Schwachen und Zukurzgekommenen mit List, den Starken ein schlechtes Gewissen anzuhängen. Das Ressentiment habe die Moral geboren, indem die Zukurzgekommenen die Starken zu den „Bösen" machten und sich selbst als die „Guten" bezeichneten. (*Nietzsche, F.*: Zur Genealogie der Moral.)

Dass die Moral die Interessen der Schwächeren schützt, dagegen ist nichts einzuwenden. Gegen die inflationären Appelle an das Gute dagegen wohl. In der Tat hat nämlich das Gute Konjunktur und gibt die Moral ein schmuckes Deckmäntelchen ab für beinahe alle Lebenslagen. „Ethik und Moral gehören zu den Wörtern, deren bloßes Aussprechen schon ein zivilisatorisches Hochgefühl mit sich bringt." (*Bolz, N. u.a.*: Top Trends: Die wichtigsten Trends für die nächsten Jahre. 1995)

Ethik als Wachstumsindustrie

Die Zeitschrift „The Economist" hat Ethik als Wachstumsindustrie bezeichnet. Ethik ist gut fürs Firmenimage und kann außerdem in Verhandlungen als Trumpfkarte gezogen werden.[2] „Ethisch und ökologisch bewusstes Investieren hat Hochkonjunktur", titelte denn auch kürzlich eine schweizerische Regionalzeitung und lieferte Zahlen: „Innerhalb der Jahresfrist haben solche Anlagen um 500 Mio. auf 1,5 Mrd. Franken zugelegt." Der Artikel berichtet von der Lancierung von ethisch korrekten Fonds durch die schweizerischen Kantonalbanken. Darin heißt es, dass Firmen, die mit Erdöl, Autos, Flugzeugen, Atomtechnik oder ozonabbauenden Substanzen Geschäfte machen, aus diesem Fonds ebenso ausgeschlossen sind, wie gewisse Anwendungen der Gentechnologie. Das Blatt zitiert die zuständige Projektleiterin mit den Worten: „Unsere Kundenbefragungen haben gezeigt, dass der Ausschluss dieser Firmen von der Kundschaft stärker gewünscht wird als bisher erwartet." Firmen, deren Anteilscheine in diesem Fonds Aufnahme finden sollen, müssen sich zudem einem sozialen Screening unterziehen. „Liegen schwerwiegende Negativmeldungen im sozialen Bereich vor, verzichten wir auf den Kauf von Aktien", gab die Projektleiterin dem Journalisten zu Protokoll.

Kein Tag vergeht, ohne dass an die soziale Verantwortung der Unternehmen appelliert wird. *Viviane Forresters* Anklage gegen den „Terror der Ökonomie" erobert die Bestseller-Listen in Frankreich und Deutschland. Fair Trade, Öko-Banane und die sozialverträgliche Kaffeebohne steigern ihre Marktanteile.

Das Ethikfeld ist bestellt, nun wird die Ernte eingefahren. Idealismus verkauft sich gut. Laut einer Studie des *Allensbach-Institutes* hat die hedonistische Lebensorientierung Anfang der 90er Jahre ihren Höhepunkt überschritten und verliert seither Terrain an altruistische Werte. Die nachkommende Generation hat diesen Trend bereits verinnerlicht. Der Sozialpsychologe *Gerhard Schmidtchen* hat herausgearbeitet, dass die Jugendlichen heute in ganz ausgeprägtem Maße wertorientiert urteilen und sich entsprechend verhalten. Junge Menschen, so heißt es dort, emfinden in der modernen Welt ein großes Wertedefizit und erleben sich selbst als moralische Akteure in einer unmoralischen Welt.[3]

Das Ethikfeld ist bestellt, nun wird die Ernte eingefahren. Idealismus verkauft sich gut.

Ist es deshalb verwunderlich, dass sich Wirtschaft (und Politik) in einem Diskurs der Wertezitate inszeniert, wie *Norbert Bolz* feststellt? Heute, so *Bolz*, sei es angesagt, auf ökonomische, politische und kulturelle Fragen ethisch zu antworten.

Liegt die Welt wirklich so im Argen? Die Geschichte zeigt, dass die Zerfallsklage ein wiederkehrender Topos ist.

Den Trendforscher interessieren zunächst die Gründe, die zu diesem Ethikboom führen. Dass die moralische Verkleidung heute besonders verfängt, muss als Krisensymptom gedeutet werden. Immer mehr Menschen glauben einen fortschreitenden Wertezerfall wahrzunehmen. Liegt die Welt wirklich so im Argen? Die Geschichte zeigt, dass die Zerfallsklage ein wiederkehrender Topos ist. Der Soziologe *Niklas Luhmann* stellte fest, dass eine verstärkte Reflexion über die gesellschaftliche Moral mit schöner Regelmäßigkeit zum Ende jedes Jahrhunderts auftaucht. Und bereits *Immanuel Kant* fielen die ewigen moralischen Lamentos auf: „Dass die Welt im Argen liege, ist eine Klage, die so alt ist als die Geschichte. Alle lassen gleichwohl die Welt vom Guten anfangen: vom goldenen Zeitalter, vom Leben im Paradiese oder von einem noch glücklicheren, in Gemeinschaft mit den himmlischen Wesen. Aber dieses Glück lassen sie bald wie einen Traum verschwinden, und nun den Verfall ins Böse (...) zum Ärgeren mit acceleriertem Falle eilen, so dass wir jetzt (dieses Jetzt aber ist so alt wie die Geschichte) in der letzten Zeit leben, der jüngste Tag und der Welt Untergang vor der Tür ist (...).“ (*Kant, I.*: Die Religion innerhalb der Grenzen der Vernunft)

Davon unbeirrt ist der Shooting-Star der deutschen Philosophenzunft, *Vittorio Hösle*, überzeugt: „Wir brauchen moralische Energie“, gab er dem SPIEGEL (46/1997) bekannt, und zwar mehr moralische Energie als wir zur Zeit haben. In seiner Lageanalyse spricht *Hösle* von zwei Strömungen: Vom abstrakten Moralismus, der die Logik der sozialen Welt nicht begreife, auf der einen, vom zynischen Opportunismus, der keine Instanz mehr über sich akzeptiert, auf der anderen Seite. Er hält beides für verhängnisvoll. „Wir müssen wieder dazu kommen, dass bestimmte moralische Prinzipien absolut gelten.“ Quelle dieser absoluten Prinzipien soll eine universale Vernunft sein. Dem kann der Konstruktivist *Heinz von Foerster* überhaupt nichts abgewinnen. Der Philosoph und Physiker behauptet: „Wahrheit ist die Erfindung eines Lügners.“ (DIE ZEIT, 4/98) Wer die Wahrheit für sich reklamiere, der mache aus dem anderen direkt oder indirekt einen Lügner. „Der Begriff (Wahrheit) bedeutet Krieg. (...) Ich will (...) betonen, dass ich im Grunde genommen aus der gesamten Diskussion über Wahrheit und Lüge, Subjektivität und Objektivität aussteigen will. Diese Kategorien stören die Beziehungen von Mensch zu Mensch, sie erzeugen ein Klima, in dem andere überredet, bekehrt und gezwungen werden. Es entsteht Feindschaft." Das Absolute, das *Hösle* fordert, ist für *von Foerster* an sich gefährlich: „Für mich ist diese Sicherheit des Absoluten, die einem Halt geben soll, etwas Gefährliches, das einem Menschen die Verantwortung für seine Sicht der Dinge nimmt. Mein Ziel ist es, eher die Eigenverantwortung und die Individualität des einzelnen zu betonen. Ich möchte, dass er lernt, auf eigenen Füßen zu stehen und seinen persönlichen Anschauungen zu vertrauen."

Wer die Wahrheit für sich reklamiert, der macht aus dem anderen direkt oder indirekt einen Lügner.

Wohin führt ein solcher Expertenstreit? Wir kennen es sattsam: Er lässt uns noch ratloser zurück, als wir es schon waren. Diese Erfahrung mögen unsere Vorfahren auch schon gemacht haben. Heute aber tritt sie potenziert auf. Durch immer leistungsfähigere und schnellere Informationstechnologien stehen uns heute immer mehr Informationen zur Verfügung. Die Flut überfordert uns nicht nur, sie vermag uns regelrecht in eine Orientierungskrise zu stürzen. *Jürgen Habermas* hat dies trefflich die „neue Unübersichtlichkeit" genannt.

In der entzauberten Welt lassen sich absolute Werte nicht mehr deduzieren. Der Dekalog hat seine Schlagkraft verloren und das Anrufen einer universalen Vernunft muss uns wie eine Verhöhnung vorkommen.

Der Soziologe *Niklas Luhmann* hat darauf hingewiesen, dass ethische Maximen den Zweck haben, die Beteiligten und Betroffenen mit Sinn zu versorgen. Darin liegt die besondere Attraktivität der Moral: Sie scheint einfache Antworten auf immer komplexere Fragen zu haben. Bei vielen Fragen, wo mehr Moral oder ethische Richtlinien reklamiert werden, gehe es im Grunde um andere Probleme, z. B. um Folgeabschätzungen, also unsichere Expertenurteile, sagt *Luhmann*.[4]

Von Strebens- und Pflichtethik im Business

Die moralische Rhetorik im Business hat in dieser Erwartungshaltung orientierungssuchender Menschen seine ernste

Seite. Sie verführt umso leichter, je dringlicher in der Moral Halt gesucht wird. Dagegen hilft nur ein differenzierter Moralbegriff und bescheidenere Erwartungen.

Individualisierung und Säkularisierung bringen mit sich, dass jedem Menschen die Suche nach der eigenen Lebensform und damit auch dem Lebenssinn selbst aufgetragen ist. Dabei gibt ein bestimmter Bereich der Ethik durchaus Hilfestellung. Es ist dies – mit *Hans Krämer* (Integrative Ethik, 1995) gesprochen – die Strebensethik, die anders als die Pflichtethik nicht vorschreibt sondern anrät; es geht dabei um Hilfestellung zur Befähigung, sein Leben so zu gestalten, wie der einzelne es „eigentlich" will, aber aus irgendwelchen Gründen daran gehindert ist. Es geht ihr um Lebenkönnen, um eine Selbstkompetenz. Dazu gehört auch, moralische Rhetorik als solche zu erkennen und gegebenenfalls zurückzuweisen. Die Strebensethik rät uns beispielsweise in einer zwischenmenschlichen Situation keine einseitigen Leistungen auf Dauer zu erbringen, Nein sagen zu können, sich nicht durch Lob und Schmeichelei erpressen zu lassen und eine Beziehung nötigenfalls abzubrechen (mehr darüber bei *Hans Krämer*). Die Strebensethik verpflichtet nicht, sondern rät, berät und hilft mir dort, wo ich selbstverantwortlich bin.

Wer in einem Aggressionstraining lernen will, sich besser durchzusetzen, sich nicht weiter übervorteilen zu lassen, sich gegen Arbeitgeber und Kollegen zur Wehr zu setzen, seinen Standpunkt besser einbringen zu können, aber auch seine unkontrollierten, ihn schließlich selbst schädigenden Aggressionsäußerungen besser in den Griff zu kriegen, der greift nach einem solchen strebensethischen Angebot.

Wer in einem Aggressionstraining lernen will, sich besser durchzusetzen, sich nicht weiter übervorteilen zu lassen, sich gegen Arbeitgeber und Kollegen zur Wehr zu setzen, seinen Standpunkt besser einbringen zu können, aber auch seine unkontrollierten, ihn schließlich selbst schädigenden Aggressionsäußerungen besser in den Griff zu kriegen, der greift nach einem solchen strebensethischen Angebot. In diesem Sinne verstehen wir am *Gottlieb Duttweiler Institut* das Seminar „Schnell, provozierend, gemein".

Neben der Eigenverantwortung gibt es aber unbestritten Interessen anderer, die zu schützen wir unter Absehung eines eigenen Vorteils verpflichtet sind. Die Imperative dieser Pflichtethik sind nicht aus absolut feststehenden Prinzipien ableitbar sondern müssen ausgehandelt werden. In der Regel bestimmt sie die Majorität der Involvierten als Resultat eines Meinungsbildungsprozesses. Es ist nicht zu leugnen, dass die Business-Welt vitale Interessen bedrohen kann. Dies streiten zwar diejenigen gerne ab, die der freien Marktwirtschaft an sich eine ethische Kraft zuschreiben. Sie verweisen auf den gesellschaftlichen Mehrwert, den die freie Wirtschaft schafft. Dahinter steckt eine Denkfigur, der sich bereits die profane Ethik von der Antike bis zu *Kant*, der Utilitarismus, der Kommunitarismus, die kooperative Ethik und auch der Stifter unseres Institutes, *Gottlieb Duttweiler*, bedienten. Ihr zufolge kommt ein „weitsichtiger Egoismus" (*Duttweiler*) dem Altruismus sehr nahe, weil er dabei die allgemeinen Interessen einbeziehe. Aber um das Wort *Kants* aufzunehmen: Ihren Optimismus konnten sie kaum der realen Welt entlehnt haben. Alle Bemühungen, einen tiefliegenden Egoismus mit dem Gemeinwohl in Übereinstimmung zu bringen, zerschmettern an der Wirklichkeit. Das augenscheinlichste und aktuellste Beispiel ist die Maximierung des Shareholder-Values. Ein perverses Marktgesetz lässt die Kurse jener Firmen in die Höhe schnellen, die Arbeitsplätze abbauen. Einige wenige profitieren zum Nachteil vieler. Das vitale Interesse wird dazu führen müssen, dass unverschämte Absahner in die Pflicht genommen werden. Aus dieser Pflichtethik werden sie auch dann nicht entlassen werden, wenn sie sich damit nicht einverstanden erklären.

Ein perverses Marktgesetz lässt die Kurse jener Firmen in die Höhe schnellen, die Arbeitsplätze abbauen. Einige wenige profitieren zum Nachteil vieler.

Doch dürfen wir nicht zuviel von der Pflichtmoral erwarten. Großorganisationen im wirtschaftlichen Wettbewerb können kein sittliches Empfinden hervorbringen und ihre Manager sitzen auf Schleudersitzen. Die wirtschaftlichen Eigengesetze lassen ihnen wenig Spielraum. Vor allem aber hat die Moral nur geringe Sanktionskraft. Sie kann nur sozial ächten, jemanden aus der Gemeinschaft ausschließen. Den „Bösen" wird solche Aussicht keine weichen Knie machen. Wirksam ist einzig das durchsetzbare Gesetz. Im Zeitalter der wirtschaftlichen Globalisierung ist gerade deshalb der Ausbau internationaler Rechtsregelungen wichtig.

Darin liegt denn auch der Nutzen an der Lust am Bösen: Sie enttäuscht falsche Erwartungen an die Moral. Die Erwartung, dass absolut geltende Prinzipien eine Lösung der Sinnkrise seien ebenso wie die andere, sie könnten wirksam vitale Interessen schützen. Der Ethiktrend dagegen suggeriert gerade in einer gefährlichen Weise diese Kompetenz der Moral. Was die Sinnstiftung angeht, können wir im Namen der Freiheit nur glücklich darüber sein, dass die Moral sie nicht zu

Darin liegt denn auch der Nutzen an der Lust am Bösen: Sie enttäuscht falsche Erwartungen an die Moral.

leisten imstande ist. Zur Durchsetzung vitaler Interessen sollten wir aber aufs richtige Pferd setzen.

---

1) Störgänge statt Lehrgänge 98. *Gottlieb Duttweiler Institut,* CH-Rüschlikon/Zürich

2) zit. nach: *Lenk, H.* und *Maring, M.* (Hrsg.): Wirtschaft und Ethik. 1992. In einer Fußnote gibt das Buch ein Beispiel, wie Moral als Trumpfkarte gezogen wurde: Zwei Insider verhandeln über ein illegales Insidergeschäft. Dem Insider werden für zweckdienliche Informationen 250'000 Dollar geboten. Er lehnt ab, die Sache sei vertraulich. Das Gegenüber erhöht auf 300'000. Wiederum lehnt der Insider ab, sagt, dies sei illegal, und mehr noch, es sei falsch, er könnte damit nicht leben - argumentiert nun moralisch. Das Angebot wird daraufhin auf 500.000 Dollar erhöht und erhält den Zuschlag.

3) *Schmidtchen, G.*: Ethik und Protest. 1992.
Interessanterweise unterscheidet sich davon der Nachwuchs der Manager: Gemäß einer Studie der Internationalen Vereinigung von Studenten der Wirtschaftswissenschaften bei 1100 Studenten in Europa, gaben 5% der Befragten an, dass es in der Wirtschaft „überhaupt keine Moral" gibt, für 35% gibt es „nur sehr wenig", für 32% „keine moralische Selbstbeschränkung". Darüber beklagt sich die angehende Wirtschaftselite nicht etwa: Wenn es sich als notwendig erweise, unmoralisch zu sein um Erfolg zu haben, zeichne sich unter den Wirtschaftsstudenten eine deutliche Tendenz zu einem solchen Verhalten ab, sagt diese Studie. (zit. nach: *Lenk, H.* und *Maring, M.* (Hrsg.): Wirtschaft und Ethik. S. 21f) Irgend etwas muss an den wirtschaftswissenschaftlichen Fakultäten mit der sonst so werteorientierten Jugend passiert sein.

4) Stichworte sind etwa Gentechnologie und Umweltgefährdungen. In die Diskussion um die geplante Versenkung der Ölplattform *Brent Spark* mischte sich *Luhmann* mit der spitzen Bemerkung, dass zu den unsicheren Expertenurteil die Selbstsicherheit einer auftrumpfenden Öffentlichkeit in einem merkwürdigen Kontrast stehe.

Susanne Ziesche

Kein Schiff mit acht Segeln ...*

Einsichten über weibliche Aggressivität im Management

1. Anblick: Die Annäherung

Mein Weg zum Thema Aggression war abenteuerlich, da es lange Zeit überhaupt kein Thema für mich war.

In der Psychologie habe ich gelernt, dass es zwar etwas Normales (bishin Positives) ist, ein gewisses Maß an Aggression zu zeigen, aber Menschen weiblichen Geschlechts eher aggressionsgehemmt seien; ob genetisch oder erziehungsbedingt, blieb offen. Von den Soziologen erfuhr ich, dass meine Tabuisierung des Themas schichtspezifisch sei.

Wie auch immer, wollte ich mir die Finger damit weder verbrennen, noch schmutzig machen.

Ich war gewiss, dass es eine zivilisatorische Errungenschaft sei, meine Aggressivität bis zur Unkenntlichkeit zu unterdrücken. Nur ganz diffus im Hinterkopf dämmerte es, dass ich diesem Ideal nicht ganz entsprechen kann. Wie eine Katze um den heißen Brei schlich ich um das Thema herum, ständig auf der Hut, einen eventuellen Rückfall in wilde, primitive Zustände schleunigst zu unterbinden. Wie treffend die Formulierung *Wolfgang Sofsky's*[1]: „Die Gewalt scheint gezähmt, der Drang zur Aggression erstickt. Aber im Untergrund wirken die Begierden fort. Sie wollen hervor, wollen das Verbot übertreten, wollen Schuld und Gewissen hinwegfegen. Ein unlösbarer Widerstreit zerspaltet die Seele. Die Menschen fürchten sich vor sich selbst, vor ihren geheimen Gelüsten und vor der Knute ihres Gewissens."(*Sofsky* 1996[2]: 211)

---

* Nach dem Song »Die Seeräuber-Jenny« von Brecht/Weill: Ein Schiff mit acht Segeln und fünfzig Kanonen wird liegen am Kai ...

Dass ich dabei die Wahrnehmungsfähigkeit für Aggressivität in meiner Umgebung verlor und wie ein Kaninchen vor der Schlange zu keinerlei adäquaten Reaktion fähig wurde, war ein nicht besonders reflektierter Nebeneffekt.

Doch der Konflikt zwischen Neugier auf das, was da sein könnte und der Angst davor wurde immer schärfer, bis ich mich entschloss, ein Selbsterfahrungsseminar in einer mir vertrauten Institution zum Thema Aggression[2] zu absolvieren.

Ich will hier nicht das Seminar referieren, lediglich von einem Traum berichten, den ich gegen Ende der Veranstaltung hatte: Ich träumte, dass ich in einer sehr grauen Umgebung vor einem bedrohlichen Gebäude stehe. Dieses Haus war aus grauem Beton, hatte in der Mitte eine Tür, links und rechts davon Fenster. Alle drei Öffnungen in der Wand waren blind und schwarz. Ich wusste, dass ich eintreten muss, doch ich zögerte eine unerträgliche Ewigkeit. Als ich den Druck nicht mehr aushielt und todesmutig durch die Tür trat, befand ich mich in einem unbeschreiblichen tropischen Garten! Es blühten exotische Blumen in schillernden Farben, das Grün war von einer nie dagewesenen Tiefe und der Himmel war blau.

Ich bin durch diese Erfahrung sicherlich kein Aggressions-Fan geworden, doch ich habe Vertrauen zu mir gewonnen und nach und nach einiges gelernt:

- ich habe gelernt, dass es wichtig ist, genau hinzuschauen,

- frühzeitig wahrzunehmen und

- eine gewisse Vielfalt an Reaktionsmöglichkeiten
  zu erwerben.

Gerade in meiner Arbeit werde ich immer wieder mit Aggression von Führungskräften konfrontiert. Doch nun gelingt es mir immer häufiger, solche Situationen adäquat einzuschätzen und angemessen darauf zu reagieren; d.h. Angriffe zu stoppen ohne auf weitere Kommunikation zu verzichten.

Ich will keinen Kampf. Aber wenn einer unbedingt Blut sehen will, kann er es haben. Aber nicht mein's.

Als Motto (oder als Lernziel) habe ich formuliert: Ich will keinen Kampf. Aber wenn einer unbedingt Blut sehen will, kann er es haben. Aber nicht mein's.

Eine der wichtigsten Erfahrungen ist die positive Reaktion der Menschen, denen mein Vorgehen Verhaltenssicherheit, Kalkulierbarkeit und Verlässlichkeit bedeutet. Also eine Bestätigung für mich, mich weiter mit dem Thema zu beschäftigen, immer wieder genauer hinzuschauen und einen Überblick zu wagen.

2. Rückblick: Die Recherche

Die vor allem populäre feministische Literatur beschäftigt sich sehr gerne und umfangreich mit dem Thema: Frauen und Aggression. Auf der Suche nach Vorbildern von aggressiven Frauen bot die Mythologie einen reichen Fundus. Auch ich habe mich genüsslich bedient.

Auf der Suche nach Vorbildern von aggressiven Frauen bot die Mythologie einen reichen Fundus.

Eine interessante Entdeckung war für mich *Eris*, die Göttin der Zwietracht, die zugleich die Menschen zur Arbeit anspornt ... und so quasi zur Göttin des Konkurrenzkampfes werden könnte[3]. Allerdings: sie arbeitet nicht selbst, ist also eher die Personifizierung der „An-der-Seite-des-Mannes-Frau"[4], die nicht selber handelt, sondern vorantreibt, mit Worten stützt und so Teilhaberin und Mit-Nutznießerin am Erfolg ist.

Mein Interesse galt verstärkt der Reaktion, der Interpretation und den Zuschreibungsmechanismen der Umwelt auf weibliche Aggression.

Warum ist *Salome* nicht Sinnbild der braven Tochter einer Mutter geworden (sie tanzt ja, sofern sie es überhaut tut, im Auftrag ihrer Mutter[5]), sondern das der blutrünstigen Verführung?

Warum wird *Delila* als „Symbolgestalt für weibliche List und Tücke"[6] angesehen? Für mein Verständnis ist es *Samson*, der – um es etwas salopp auszudrücken – für eine „heiße Kiste" Vaterland Vaterland, Volk Volk und Krieg Krieg sein läßt! Und *Delila*, statt ermattet und selig in den Kopfkissen zu seufzen, wie es den platten Stammtischvorstellungen über den Zusammenhang von weiblicher Sexualität und Aggressivität entspricht, verhilft in einem bemerkenswerten Akt der Aggression ihrem Volk zum Sieg.

Warum ist *Judit's* Aggression[7] verzeihlicher als *Dalilas*? Dass *Judit Holofernes'* Kopf, den sie eigenhändig abschlägt (und nicht nur kahl schert[8]) von einer Dienerin wegtragen lässt, daran kann es wohl nicht liegen.

Könnte es also bedeuten, dass, ob weibliche Aggression als verwerflich oder verzeihlich angesehen wird, weniger von ihrer Motivation abhängt, sondern von den Folgen für ihn?

Allerdings war *Holofernes* betrunken, während *Samson* „nur" lüstern war. Oder liegt es eher daran, dass *H.* immerhin mit dem Leben büßt, während *S.* Schimpf und Schande erfährt? Könnte es also bedeuten, dass, ob weibliche Aggression als verwerflich oder verzeihlich angesehen wird, weniger von ihrer Motivation abhängt, sondern von den Folgen für ihn?

Damit stellt sich die Frage, ob das schwierige Image der Frauen im Berufsleben, die genügend Aggressivität für eine erfolgreiche Karriere aufbringen und häufig als Mannsweiber, Amazonen oder als Xantippen diskriminiert werden, an ähnlichen Zuschreibungen liegt: Nicht genug, dass sie Karriere machen, sie wollen dies in gemischter Konkurrenz (also mit einschneidenden Konsequenzen für männliche Mitbewerber)!

Bei meinen Recherchen zum Komplex: Frauen, Karriere und Aggression stieß ich auf eine Frauengestalt, die für mich tragischen Modellcharakter gewann und mich als Figur ergriff: *Clara Immerwahr*[9]:

Sie erschoss sich mit der Dienstpistole ihres Mannes.

Jeder Selbstmord ist ein höchst aggressiver Akt: einerseits und vor allem gegen sich selbst, aber auch gegen die Umwelt. In der Typologie der Selbstmordarten gilt Erschießen als eine mit besonders hohem aggressiven Potential und damit „typisch" männlich. So makaber es auch ist, sollte, um manche Reaktionen auf ihren Tod verstehen zu können, nicht unerwähnt bleiben, dass es eine ähnliche Typologie auch für Hinrichtungen gab: „Dem Schuldmaß entspricht der Sinn der Strafmethode."(s. *Sofsky* 1996[2]: 124ff) Bei besonders schändlichen Delikten galt das „Richten mit der trockener Hand" wie Hängen; mit den Waffen der Ehre wurden Ehrenleute mit blutiger Hand gerichtet; Frauen vorbehalten waren Hinrichtungsarten, die als „reinigend" gegolten haben: ertränken in Wasser, vergraben in der Erde und besonders beliebt, das Verbrennen ... *Clara Immerwahr* verstieß mit ihrem Selbstmord also gegen sämtliche ethischen, moralischen und sozialen

Normen als sie eine Waffe der Selbsterweiterung und der Ehre benutzte: die Dienstpistole ihres Gatten.

Clara Immerwahr war die langjährige „ehrenamtliche" Mitarbeiterin und erste Ehefrau des Nobelpreisträgers *Fritz Haber*.

Ihr Selbstmord ist das letzte Fanal am Ende ihres vergeblichen Kampfes und Protestes gegen die Forschungen an chemischen Waffen, sprich Kampfgas im ersten Weltkrieg am *Kaiser-Wilhelm-Institut* zu *Berlin*, unter der Leitung von Professor Dr. *Fritz Haber*.

Clara Immerwahr promovierte 30jährig, als erste Frau an der Universität *Breslau* in physikalischer Chemie, am 22. Dezember 1900. Die Schwierigkeiten, die sie bis zu diesem Tag zu überwinden hatte, sind heute schwer nachvollziehbar: z.B. war zu ihrer Zeit bereits ein reguläres Abitur für Frauen kaum möglich, geschweige denn ein Studium. Nach ihrer Heirat hoffte sie, Forschung und Familie miteinander vereinbaren zu können; was sich zunehmend als Täuschung herausstellte.

Ihre ohnmächtige Wut über die „Perversion der Wissenschaft", was ihren Mann dazu veranlasste, sie als Vaterlandsverräterin zu bezeichnen, entlud sich 15 Jahre nach ihrem Promotionseid in den nächtlichen Schüssen („Ich schwöre, dass ich niemals in Wort oder Schrift etwas lehren werde, was meiner Überzeugung widerspricht. Dass ich vielmehr die Wahrheit zu fördern und das Ansehen und die Würde der Wissenschaft nach Kräften zu heben bestrebt sein werde." (Seite 67). Sie gab zuerst einen Probeschuss ab, bevor sie die Waffe gegen sich richtete.

Ihr Selbstmord am 2. Mai 1915 setzte ihrem physischen Leben ein Ende. Ihr sozialer Tod (Verschweigen, Diffamieren, Ignorieren[10]) mutet als Strafe an, nach einem ungewöhnlichen Leben und schockierenden Tod, ganz nach dem Muster der „drei Formen der Kontrolle über weibliche Aggression – Verbergen, Verleugnen und Uminterpretieren –"[11].

Ihr sozialer Tod (Verschweigen, Diffamieren, Ignorieren) mutet als Strafe an, nach einem ungewöhnlichen Leben und schockierenden Tod, ganz nach dem Muster der „drei Formen der Kontrolle über weibliche Aggression – Verbergen, Verleugnen und Uminterpretieren –".

3. Einblick: Die Untersuchung

Wie gehen wir Frauen von heute im Berufsleben mit Aggression um?

Es gibt zahlreiche Antworten auf diese Frage. Am populärsten beschäftigt sich *Ute Erhardt*[12] mit den sogenannten „bösen Mädchen". Ohne ihren Verdienst schmälern zu wollen, ist ihre Situationsbeschreibung der Frauen sehr subjektiv. Damit will ich nichts darüber aussagen, ob sie evident ist, und inwiefern und wie viele Frauen sich darin wiederfinden und damit identifizieren.

Ich wollte wissen, was Frauen zu diesem Thema selbst berichten. Es war nicht mein Ehrgeiz, eine repräsentative Untersuchung zu machen. Da es mir um das genauere Hinschauen ging, strebte ich „Intersubjektivität" an. Meine Befragung sollte einen klärenden Charakter haben und ggf. eine gezieltere und umfangreichere Hypothesenbildung nach dieser Bestandsaufnahme ermöglichen.

Auch ging es mir nicht um eine vergleichende Studie: Ich habe ausschließlich Frauen nach ihrer Aggressivität befragt. Bei vergleichenden Studien habe ich immer die Befürchtung, dass die eine Gruppe bewusst oder ungewollt, quasi als Norm definiert wird, von der die Anderen abweichen.

Ich bin sehr skeptisch gegenüber wie auch immer gearteten Generalisierungen (erst recht, wenn z.B. zur Proklamierung eines weiblichen, „neuen Führungsstils" Beobachtungen an vier Personen ausreichen[13]), Durchschnittswerten, Korrelationen und Signifikanzen[14]. Die statistische Auswertung* meiner Erhebung hatte den Sinn, den Blick auf das Wesentliche zu lenken, Verzettelung zu verhindern und meiner Interpretationsfreude Einhalt zu gebieten.

Um einen besseren Einblick zu bekommen, habe ich Anfang Juni 1997 30 Frauen einen Fragebogen zum Thema Aggression im Berufsleben verschickt. Ich kenne diese Frauen persönlich, z. T. haben wir langjährig an einem unterneh-

---

* Die sehr umfangreiche statistische Auswertung nach dem neuesten Stand der Methodologie hat Herr Dipl.-Kfm. *Joachim Mühlmeyer* von der *Universität St. Gallen (HSG)* vorgenommen. Für seine verständnisvolle Zusammenarbeit danke ich ihm sehr herzlich. Anfragen zu den Verfahren richten Sie bitte direkt an ihn!

mensinternen Förderprojekt[15] zusammengearbeitet, z. T. waren es Teilnehmerinnen an solchen Maßnahmen. Ich habe vorher ihr Einverständnis eingeholt und Anonymität und Vertraulichkeit zugesichert. Ich habe 23 Fragebögen zur Auswertung zurückbekommen.

An dieser Stelle danke ich allen Frauen, die an der Untersuchung teilgenommen haben, herzlich. Wie ich aus den vielen persönlichen Anmerkungen ersehen konnte, war die Auseinandersetzung mit dem Thema für viele Frauen heikel und nicht einfach.

Dass sie dennoch mitgemacht haben rührt mich tief, und ich empfinde es als Vertrauensvorschuss, dem ich mit meinen Ausführungen gerecht werden will.

Beispiele: „Beim Überlegen ist mir aufgefallen, dass ich in beruflichen Situationen überhaupt nicht oder nur selten und verhalten meine Aggressivität äußere. Allerdings bekommt mein lieber Mann häufiger direkt meine Wut und Ärger zu spüren. Er ist meine absolute Vertrauensperson und ich weiß, er wird mich auch dann noch lieben, wenn ich laut geworden bin, oder die Türen knalle." oder:

„Mir fällt auf, wie schwer es mir zunächst fiel, Aggressivität zu definieren und bei mir selbst festzustellen. Oft bin ich gekränkt, enttäuscht, verwundert, bringe es aber nicht zum Ausdruck."

„Mir fällt auf, wie schwer es mir zunächst fiel, Aggressivität zu definieren und bei mir selbst festzustellen. Oft bin ich gekränkt, enttäuscht, verwundert, bringe es aber nicht zum Ausdruck."

Das Alter der Frauen schwankte zwischen 33 und 55 Jahren, mit 40 1/2 Jahren als mittel. Die Gruppe wies einen überdurchschnittlich hohen Bildungsgrad auf, über 50% haben einen Hochschulabschluss. (Interessant fand ich, dass von den mindestens zehn promovierten Frauen, von denen ich Antwort erhielt, nur vier ihren Titel angaben. Es kann sicherlich an meinen Fragen liegen, doch es passt auch zu der gängigen Meinung, dass Frauen wenig Selbstdarstellung betreiben.) Die meisten Frauen stuften sich im mittleren Management ein, keine gehörte einem Vorstand, einer Geschäftsleitung an. Durchschnittlich haben sie für vier bis fünf Menschen Führungsverantwortung, wobei diese Angaben eine sehr große Bandbreite hatten. Bei der Gehaltsangabe gab es leider Missverständnisse zwischen brutto und netto, insofern ist eine statistische Auswertung der Zahlen hinfällig. Es gab keine Angabe über DM 200 000 p.a..

Allein leben fünf der befragten Frauen und 17 in Partnerschaft; sieben sind Mütter (zwei ohne Angaben). 17 Frauen sind Mitglied in Organisationen; neun sogar aktiv und sechs füllen (zusätzlich) Ehrenämter aus.

Die Frage nach beruflichen Entwicklungszielen wurde leider selten beantwortet und entzieht sich so der weiteren Auswertung.

„Vorsorglich" bat ich meine Teilnehmerinnen, eine Selbsteinschätzung von Eigenschaften vorzunehmen, bevor es mit der eigentlichen Befragung losging:

Was ist vorgefallen? Wer war beteiligt? Wie haben Sie spontan reagiert? Wie ist die Sache ausgegangen? Welche „Nachwirkungen" gab es?

Zunächst bat ich die Probandinnen, „typische berufliche Situationen" zu schildern, die sie „aggressiv machen". Ausdrücklich habe ich auf die Vorgabe einer Definition von Aggression verzichtet. Es sollte das Alltagsverständnis der beteiligten Frauen für die Beantwortung der Frage maßgeblich sein. Nach der Methode des kritischen Ereignisses sollten solche Situationen frei geschildert werden; fünf Kästen waren vorgezeichnet, mit der Aufforderung, ggf. weitere Blätter anzufügen. Zur Hilfestellung stellte ich zusätzlich folgende gliedernde Fragen: Was ist vorgefallen? Wer war beteiligt? Wie haben Sie spontan reagiert? Wie ist die Sache ausgegangen? Welche „Nachwirkungen" gab es?

Um zwei Ergebnisse gleich vorwegzunehmen: es sind keine initiativen Aggressionen geschildert worden und als Nachwirkung ist nie schlechtes Gewissen genannt worden.

Ich bat die Probandinnen, die geschilderten Ereignisse und Reaktionen selbst zu bewerten. Bei den Ereignissen interessierte mich die Häufigkeit und die Schwere des Ereignisses; bei den Reaktionen fragte ich, wie typisch und wie befriedigend diese Art der Reaktion für die jeweilige Frau ist.

Es bestand die Möglichkeit, weitere Anmerkungen zu machen, wovon sehr ausgiebig Gebrauch gemacht worden ist (s.o.). In der Zwischenzeit sind etliche Fragen nach den Ergebnissen bei mir eingegangen. Auch dies zeugt vom großen Engagement der beteiligten Frauen.

108

4. Durchblick: Die Ergebnisse

4.1 Situationen

Insgesamt wurden von den 23 Frauen 95 Ereignisse geschildert. Diese haben wir für die Auswertung in sechs Kategorien zusammengefasst:

Kategorie	Beschreibung	Summe	% an Gesamtnennung
1	Ungerechtigkeit unter Kollegen	4	4.21 %
2	Führungsschwäche des Vorgesetzten	17	17.89 %
3	autoritäres Verhalten des Vorgesetzten	7	7.37 %
4	Selbstwertverletzung	39	41.05 %
5	unfaires Verhalten	17	17.89 %
6	Einengung, Reaktanz	11	11.58 %
	Total	95	

Beispiele für die einzelnen Kategorien
(Originalformulierungen):

- Ungerechtigkeit unter Kollegen: ausgenützt werden, ungleiche Arbeitsverteilung

- Führungsschwäche: keine Entscheidung, unklare Anweisungen, mangelnde Information

- autoritäres Verhalten: Macht ausspielen, Dominanz, unter Druck gesetzt werden. (Wobei es mir an dieser Stelle nicht darauf ankommt, inwiefern autoritäres Verhalten eine Führungsschwäche des Vorgesetzten ist. Die Beispiele zeigen, dass diese Kategorie sich von der vorangegangenen deutlich inhaltlich unterscheidet.)

- Selbstwertverletzung: übergangen, missachtet werden, vorgeführt werden, Mangel an Wertschätzung, Respektlosigkeit, nicht ernst genommen werden, frauenfeindliche Bemerkungen

- unfaires Verhalten: Spielregeln, Abmachungen, Verabredungen nicht einhalten, unfaire Angriffe, Gefühle gezielt verletzen

- Einengung, Reaktanz: Machtlosigkeit, Ohnmacht

Entsprechend meiner Arbeitshypothese rangiert „Selbstwert-verletzung" deutlich vor allen anderen Kategorien mit 41% der Nennungen.

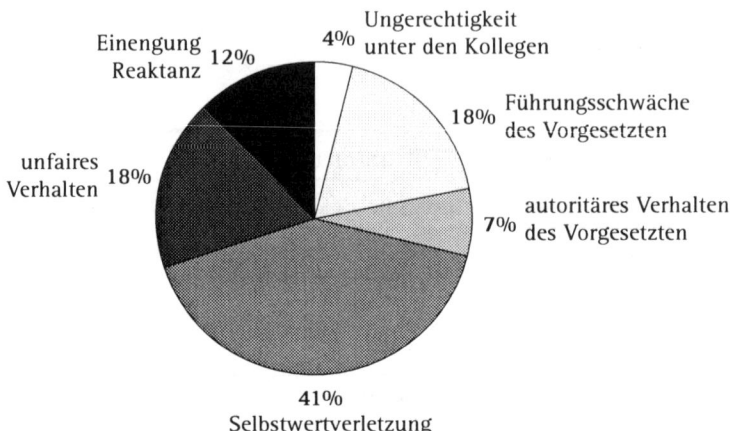

Situationen

Wie häufig erleben die Frauen diese Situationen an ihrem Arbeitsplatz?

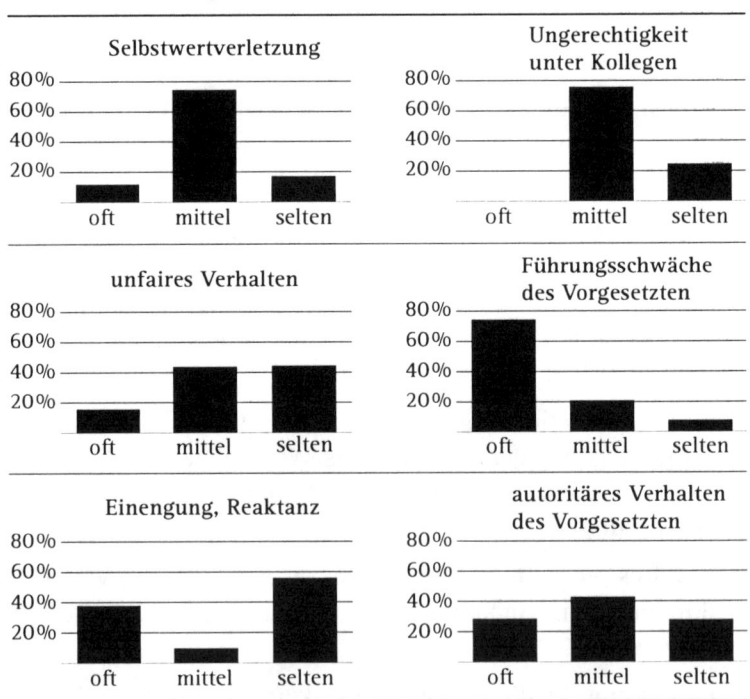

Es ist bemerkenswert, dass die Frauen sich scheinbar über „Führungsschwäche" am häufigsten ärgern. Selbstwertverletzung ist zwar der meistgenannte Auslöser für Aggression, sie dominiert aber nicht die Arbeitssituation, da sie nur mittelhäufig vorkommt.

Es ist bemerkenswert, dass die Frauen sich scheinbar über „Führungsschwäche" am häufigsten ärgern.

Wie schwer wird nun das entsprechende Ereignis erlebt?

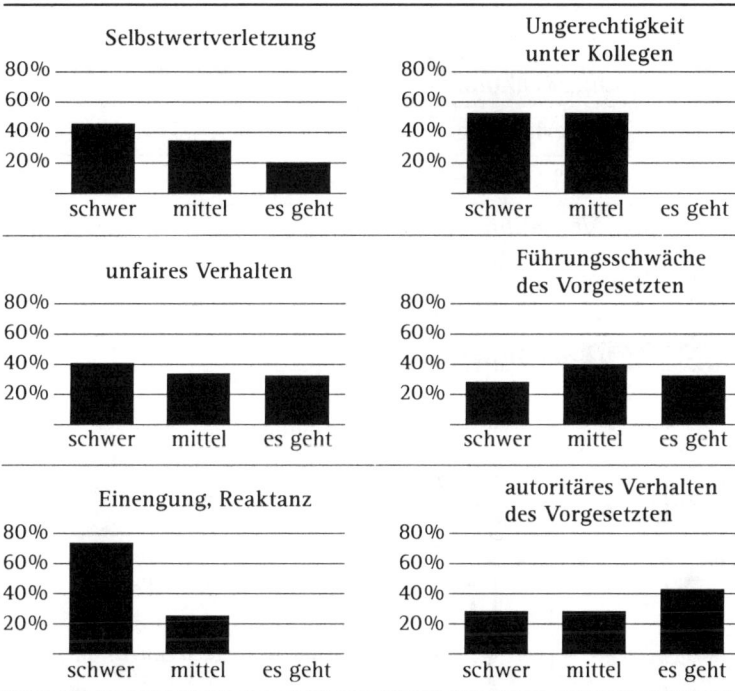

Hier kehrt sich manches um: Führungsschwäche ist zwar ein häufiges Ereignis, aber es bringt die Frauen scheinbar nicht zur „Weißglut"; Ungerechtigkeit unter Kollegen scheint, wenn es mal vorkommt, viel schwerer zu wiegen.

Bei der Schwere der Ereignisse ist die erlebte Einengung, die Reaktanz eindeutig das gewichtigste Ereignis – für das Thema Aggression ein sehr vielversprechender Ansatz! Betrachten wir die positive Seite der Aggression als das gestalterische Potential, erfolgreich Dinge zu bewegen, dann wiegt die Erfahrung von Grenzen sehr schwer und sollte große Energien freisetzen, diese Barrieren zu überwinden. Die später zu diskutierende Frage lautet: Verfügen die Frauen über angemessene Verhaltensmöglichkeiten, diese Energien adäquat zur Überwindung der Hindernisse umzusetzen, z. B. wenn diese „Hindernisse" die eigenen Vorgesetzten sind – wie es gleich offensichtlich wird.

Aus der erlebten Häufigkeit und Schwere der Ereignisse haben wir die Kategorie 'Wichtigkeit' gebildet:

Wichtigkeit = Häufigkeit x Schwere

Führungsschwäche	5.27
Einengung, Reaktanz	4.73
Selbstwertverletzung	4.50
Ungerechtigkeit unter Kollegen	4.25
unfaires Verhalten	3.71
autoritäres Verhalten	3.57

Wichtigkeit der Situation

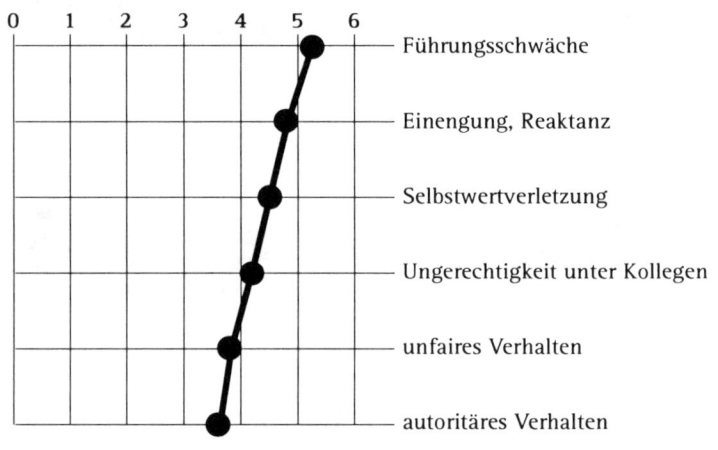

Nach dieser Betrachtung bleibt von den „wehleidigen Seelchen" mit ihren ständigen „Beziehungsproblemchen", wie mancherorts vorgeworfen, nicht viel übrig.

Nach dieser Betrachtung bleibt von den „wehleidigen Seelchen" mit ihren ständigen „Beziehungsproblemchen", wie mancherorts vorgeworfen, nicht viel übrig: Eine sachbezogenere Darstellung der Arbeitsbeziehungen kann ich mir schwer vorstellen!

Rangplatz 1 & 2	Arbeitssituation, Arbeitsbedingungen
Rangplatz 3	die eigene Person
Rangplatz 4 bis 6	Beziehungen

112

Es werden zwar keine „Sachzwänge" als auslösendes Ereignis genannt. Doch dies spricht in meinen Augen – „trotz" meiner Voreingenommenheit und Sympathie – für „meine" Frauen. Denn sog. Sachzwänge sind vor allem bequeme Entschuldigungen, um das immer schon dagewesene zu akzeptieren, einschließlich der beliebten Tradition „Ober sticht Unter" und nichts zu unternehmen.

Unsere Aufgaben wie deren Lösungen sind gewiss durch Rahmenbedingungen eingegrenzt. Optimale Lösungen berücksichtigen Kosten/Nutzen der Veränderung dieser Rahmenbedingungen in angemessenem Umfang. Deren Umsetzung scheitert an Personen, an deren mangelnder Durchsetzungskraft und/oder -willen, unbequeme Lösungen vorzuschlagen und durchzufechten, Konflikte zu lösen und weitere Informationen einzuholen. Der Begriff der „Sachzwänge" verschleiert diesen Tatbestand der „Führungsschwäche" zweckmäßigerweise.

Wird die eigene Bereitschaft, eine Sache durchzufechten, darüber hinaus durch Verbote eingeschränkt, kann die Wut sehr groß sein. Solche Vorkommnisse sind in der Befragung beschrieben worden als: Vorlagen nicht weiterleiten, keinen Gesprächstermin bekommen, oder auch als Disziplinierungsversuche nach dem Muster: Sie müssen das diplomatischer angehen; das können Sie Herrn XY so nicht vortragen, u.ä.

Vorlagen nicht weiterleiten, keinen Gesprächstermin bekommen, oder auch als Disziplinierungsversuche nach dem Muster: Sie müssen das diplomatischer angehen.

Selbstwertverletzung ist auch in dieser Betrachtung ein erheblicher Auslöser für Aggression, was sich leicht mit einschlägigen psychologischen Arbeiten erklären lässt.

Ungerechtigkeit und Unfairness sind zwar auch in dieser Betrachtung nicht unwichtig, doch vielleicht drückt sich hier aus, dass es eben überall „menschelt".

Die geringste Wichtigkeit hat nun autoritäres Verhalten. Hier drängen sich einige despektierliche Fragen auf.

Bedeutet dieses Ergebnis, dass autoritäres Verhalten der männlichen Vorgesetzten von den Frauen zwar ärgerlich wahrgenommen wird, aber da es den Erwartungen entspricht, nicht besonders gewichtig erlebt wird? Aus meiner direkten Beziehung zu der Zielgruppe kann ich sagen, dass die überwiegende Mehrheit – bis auf vier Frauen der Gesamtstichprobe – männliche Vorgesetzte hat.

Bedeutet dieses Ergebnis einen Gewöhnungseffekt?

Welche Rolle spielt dabei die Sozialisation, die autoritäres Verhalten von Männern[16] eher legitimiert?

Oder: wie schaut es mit der eigenen, inneren Normierung der Frauen aus? [17]

Wir haben uns bei der Auswertung weiterhin die Frage gestellt, ob bestimmte Ereignisse zusammen vorkommen und ggf. ein Muster bilden. Meine entsprechenden Hypothesen mussten wir in der Auswertung verwerfen: in unserem Material besteht kein systematischer Zusammenhang zwischen den einzelnen Ereignissen.

4.2 Reaktion

Jens Weidner unterscheidet sechs Aggressionsformen[18] im Management, von denen fünf als unproduktiv, unangemessen und schädlich gelten. Ich habe, nach bestem Wissen und Gewissen die Beschreibungen der Probandinnen gruppiert und dabei fünf Kategorien von Reaktionsmöglichkeiten gefunden. Womöglich wäre es, mit etwas Zähneknirschen möglich gewesen, hier nachträglich eine „ach wie überraschende" Kongruenz zu fabrizieren ... Doch dies verbot mir meine Wertschätzung den Probandinnen wie auch Herrn *Weidner* gegenüber. Zunächst werde ich also die sechs potentiellen Aggressionsformen den fünf Kategorien gegenüberstellen, die ich in meiner Befragung gefunden habe, bevor ich die Ergebnisse diskutieren werde.

Weidner'sche Kategorie	Reaktionsbeschreibung der Probandinnen	Beispiele aus dem Fragebogen
spontane Aggression	ungerichtetes Entladen (ohne Gegenüber)	lauter werden, weinen, schreien
	gerichtetes Entladen (mit gezieltem Adressaten)	Konfrontation, schimpfen, intrigieren, Partei ergreifen, zynisch werden, lästern, belehren
Frustrations-Aggression	Beziehung klären	Unmut äußern, darüber sprechen, Gespräch suchen
rachsüchtige Aggression		

Weidner'sche Kategorie	Reaktionsbeschreibung der Probandinnen	Beispiele aus dem Fragebogen
kompensatorische Aggression		
Autoaggression	Reaktion nach innen	aushalten, grübeln, nichts, sprachlos, Rückzug, Tränen unterdrücken, traurig, korrekt bleiben, verdrängen, phantasieren
instrumentell-strategische Aggression (Basiskompetenz)	sachlich klären	Strategie entwickeln, Verbündete suchen, Varianten entwickeln, Situation in die Hand nehmen, Initiative ergreifen

Der spontanen Aggression entsprechen zwei Antwortkategorien: ungerichtetes und gerichtetes Entladen. Es machte für mich in den Schilderungen der Probandinnen einen erheblichen Unterschied, ob jemand im stillen Kämmerlein die Fassung verliert oder einen Streit vom Zaun bricht: nämlich im kommunikativen Aspekt. Im ersten Fall geschieht die Entladung einsam, ohne ein Gegenüber; im zweiten Fall ist eine direkte Konfrontation vorhanden.

Für die Kategorie „gerichtetes Entladen" zitiere ich *Jens Weidner*: „One evil action every day keeps the psychiatrist away." (*Weidner* 1997: 63) Diesen „gesundheitlichen" Vorzug sehe ich im „stillen Kämmerlein" nicht. Oder wie eine der befragten Frauen dazu schrieb:

„Befriedigend ist für mich eine konfliktbeladene Situation, wenn ich schreien, schimpfen, toben kann und als Siegerin hervorgehe. Also meine Aggression ausleben kann, Dampf ablassen kann. Das ist zwar nicht fein, tut Dame auch nicht, wäre, was mein Temperament anbetrifft, aber sehr gesund für mich."

„Beziehung klären" habe ich äquivalent gesetzt mit der Frustrationsaggression, von der *Weidner* sagt, dass hier nicht immer ein sichtbarer aggressiver Akt vorliegt. Aus meiner Sicht wird, wenn die Beziehung geklärt wird, die eigene Frustration gemildert und Macht in der Beziehung ausgeübt, aber an der Sache wird nichts verändert. Dieses Verhalten ähnelt in meinen Augen dem mütterlichen Erziehungsverhalten, auch ohne den erhobenen Zeigefinger („Das darfst/sollst aber nicht tun ...").

Dass sich einer von nun an fair verhält, weil wir darüber gesprochen haben, halte ich in den Führungsetagen sowieso eher für eine Illusion. Und außerdem: Ob sich jemand „schweinisch" verhält, ist seine / ihre Sache; ob ich es durchgehen lasse, das ist meine Sache!

Inwiefern rachsüchtige und kompensatorische Aggression vorkommt, läßt sich anhand meiner Daten nicht beantworten. Ich hoffe, dass dieser „Mangel" nicht nur in der „sozialen Erwünschtheit" von Antworten begründet liegt.

Die Übereinstimmung bei den Kategorien Autoaggression und „Reaktion nach innen", ist einleuchtend.

Ebenso sehe ich die Beispiele der Frauen für „sachlich klären" als eine Operationalisierung für die „notwendige Handlungskompetenz" und das „strategisch eingesetzte kommunikative Repertoire" (*Weidner*) der positiven Aggression an.

Welche Reaktionen werden am häufigsten genannt?

Kategorie	Beschreibung	Summe	Prozent an Gesamt-nennungen
1	ungerichtetes Entladen	8	7.77%
2	Beziehung klären	18	17.48%
3	gerichtetes Entladen	14	13.59%
4	sachlich klären	21	20.39%
5	Reaktion nach innen	42	40.78%

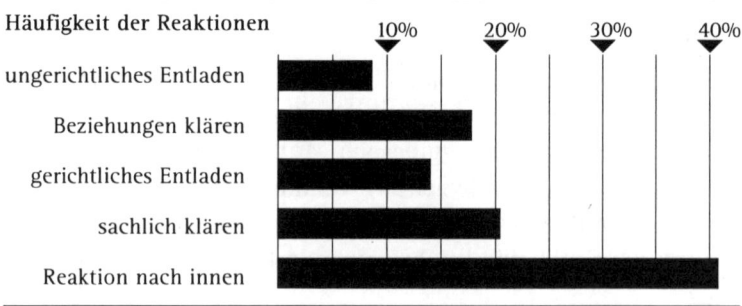

116

Das Gefährliche an Stereotypen und Vorurteilen ist, dass sie irgendwann für wahr gehalten werden. Dementsprechend, muss ich schamhaft gestehen, habe ich erwartet, dass „Beziehung klären" die häufigste Reaktionsweise sein wird: Nur zu häufig habe ich die Mär über die überwiegende Beziehungsorientierung von Frauen gehört. Pustekuchen! Ich entschuldige mich bei meinen Geschlechtsgenossinnen hiermit formvollendet.

Dementsprechend, muss ich schamhaft gestehen, habe ich erwartet, dass „Beziehung klären" die häufigste Reaktionsweise sein wird: Nur zu häufig habe ich die Mär über die überwiegende Beziehungsorientierung von Frauen gehört. Pustekuchen! Ich entschuldige mich bei meinen Geschlechtsgenossinnen hiermit formvollendet.

Rangplatz: 5 (am seltensten)	ungerichtetes Entladen
Rangplatz 4	gerichtetes Entladen
Rangplatz 3	Beziehung klären
Rangplatz 2	sachlich klären
Rangplatz 1 (am häufigsten)	Reaktion nach innen

Dass wir mal Furien (ungerichtetes Entladen) und mal Xantippen (gerichtetes Entladen) sein können ist zwar qualitativ nicht besonders hochstehend, doch auch nicht besonders gravierend. Gehört also lediglich zum allgemeinen Verhaltensrepertoire. – Eine gewisse Rehabilitierung von *Xantippe*[19] erhoffe ich allerdings von den Forschungsergebnissen der Malediktologie[20], wonach „im Zuge der Emanzipation viele Frauen auf Ärger und Frust nun nicht mehr mit „infantilen Verhaltensweisen" wie Ohnmachtsanfällen oder Tränenausbrüchen reagieren müssten, sondern ebenso wie Männer ordentlich fluchen können – was der Sittenforscher ausdrücklich als „nützliches und sinnvolles" Tun charakterisiert." (*Huber* 1996: 31)

Sachliche Klärungen als Basiskompetenz und Schlüssel zum Erfolg in einem kalkulierten und ethisch verantwortbaren Konzept: die zweithäufigste Reaktionsweise! Dies ist in meinen Augen der hoffnungsvollste Ansatz in der gesamten Befragung. Die Fähigkeit zu fördern, solche Strategien zu entwickeln, solche Konzepte umzusetzen, sollte zur Personalentwicklungsaufgabe der Zukunft gehören.

Sachliche Klärungen als Basiskompetenz und Schlüssel zum Erfolg in einem kalkulierten und ethisch verantwortbaren Konzept: die zweithäufigste Reaktionsweise! Dies ist in meinen Augen der hoffnungsvollste Ansatz in der gesamten Befragung.

Aber zum Jubilieren habe ich trotzdem keinen Anlass: Denn genau doppelt so viele Nennungen gab es in der Kategorie „Reaktion nach innen" (42%). Hier sehe ich den größten Aufklärungs- und Handlungsbedarf.

Die Aufklärung über die positive Seiten der Aggression soll die Angst vor ihr mildern; der Realitätsgewinn durch die Akzeptanz der eigenen Aggressivität soll die Grundlage schaffen, auf der das entsprechende Verhaltensrepertoire erweitert und eingeübt werden kann. Von dem Spaß, den *Jens Weidner* herausstellt, verspreche ich mir die lerntheoretische Unterstützung: „Und sie [die Macht] macht Spaß, weil man aggressive Energie ausleben kann, um Gutes zu tun." (*Weidner* 1997: 67)

Ich habe gefragt, wie „typisch" die geschilderten Reaktionen von den Frauen angesehen werden.

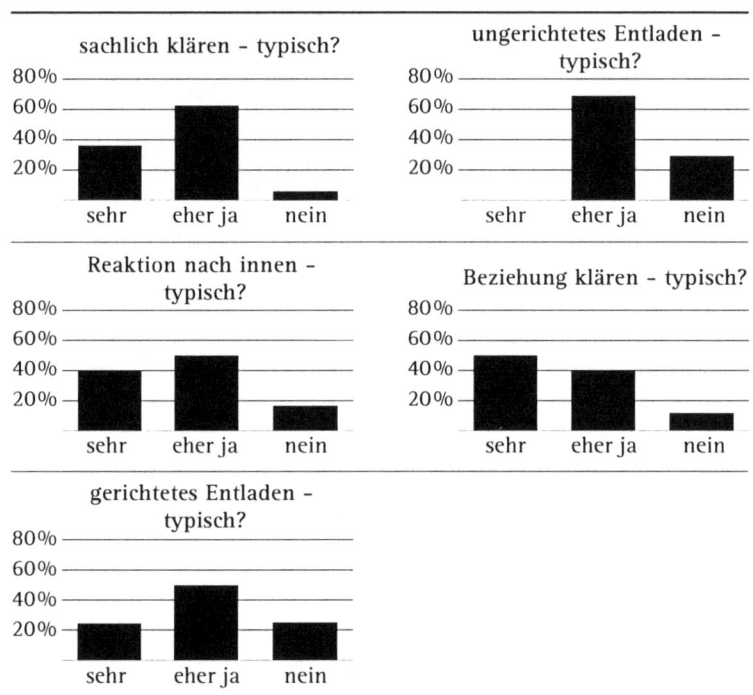

Dass die geschilderten Reaktionsweisen als typisch bis eher typisch angegeben werden, verwundert nicht besonders. Es zeigt für mich eher, dass diese Befragung nicht so sehr als Beichte angesehen worden ist: in der Beichte berichte ich auch über singuläre Ereignisse, die mein Gewissen belasten, in der Hoffnung auf Absolution. Ohne diese Hypothese zu sehr zu betonen, glaube ich hier ansatzweise erkennen zu können, dass für die Motivation der Frauen, an der Studie teilzunehmen, nicht Katharsis, sondern Klärung im Sinne einer Verhaltensinventur entscheidend war.

Hoffnung auf Veränderung schöpfe ich aus den Antworten auf die nächste Frage:

Wie befriedigend erleben Sie Ihre Reaktion?

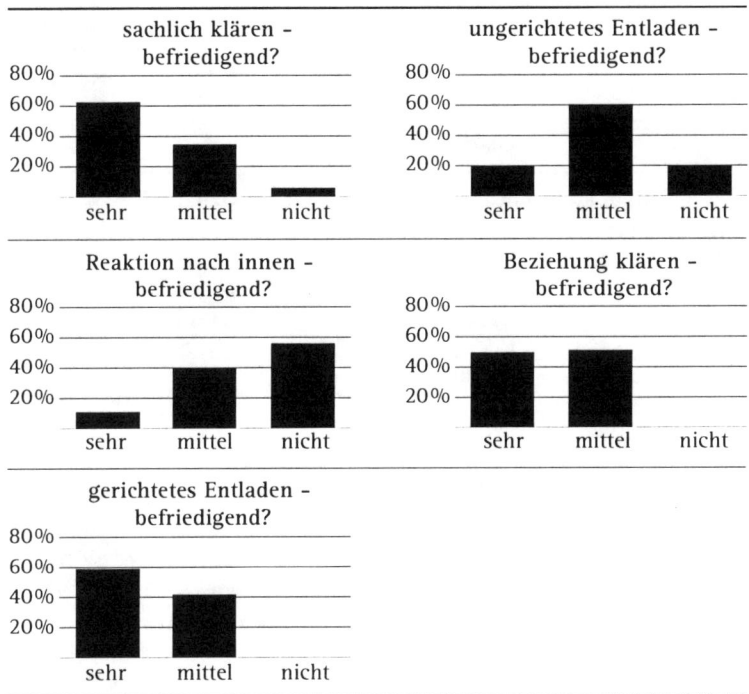

Mit Abstand am wenigsten befriedigend ist die Reaktion nach innen.

Ich betrachte es als Fortschritt, dass die Frauen diesen unbefriedigenden Zustand als solchen wahrnehmen. Es ist noch nicht lange her, als Wut bei Frauen wegen des damit verbundenen Regelverstoßes Schuld und Schande auslöste, was sich auch in Verlegenheit, Amüsement oder Selbstironie ausdrückte.[21] Dass sie selbst dabei zu kurz kamen, wurde lange Zeit kaum wahr- oder zu Kenntnis genommen.

Wahrzunehmen was ist, ist der erste Schritt in Richtung auf Veränderung: Revolution heißt, zu sagen was ist (*Rosa Luxemburg*).

Es ist noch nicht lange her, als Wut bei Frauen wegen des damit verbundenen Regelverstoßes Schuld und Schande auslöste, was sich auch in Verlegenheit, Amüsement oder Selbstironie ausdrückte.

119

Nun interessierte uns die Verbindung von Auslöse-Ereignissen und Reaktionen:

Auf welche Situation folgt welche Reaktion?

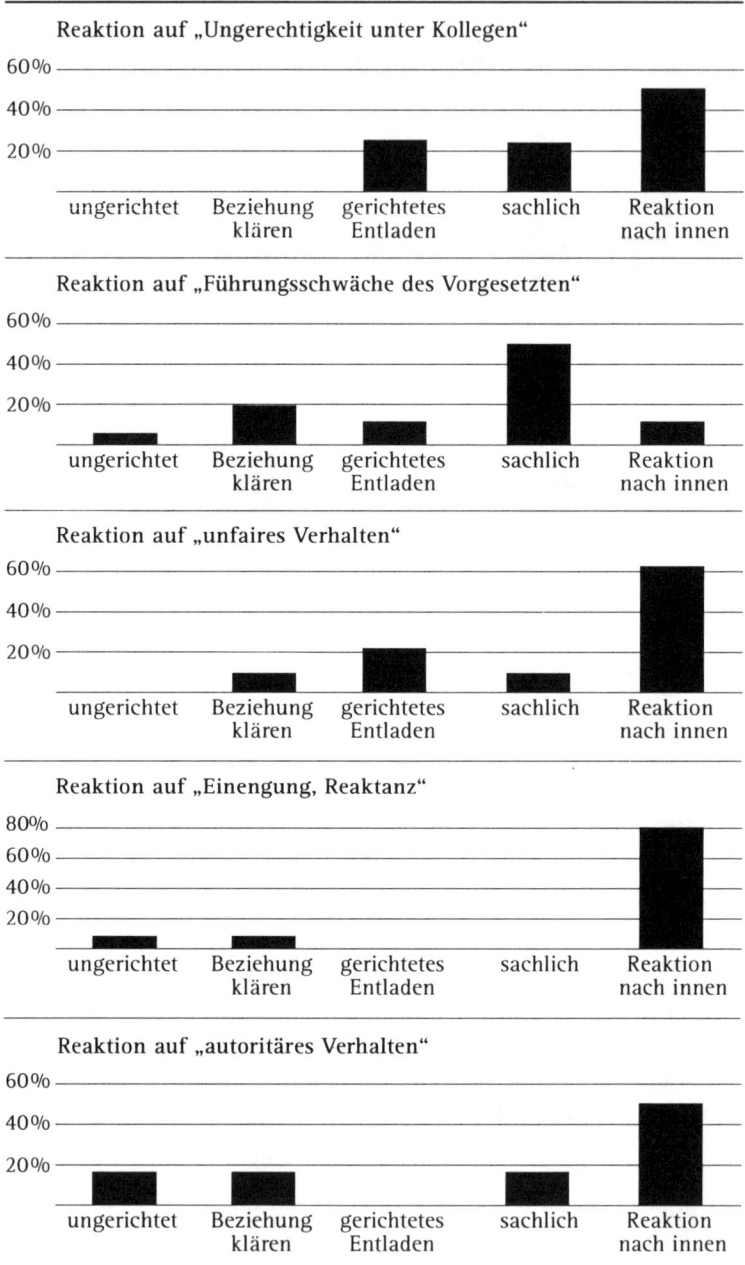

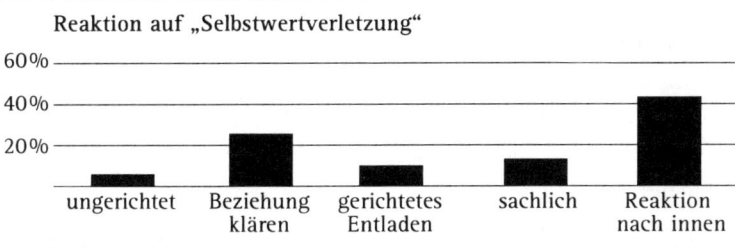

Reaktion auf „Selbstwertverletzung"

Erinnern wir uns: Die wichtigste Situation war Führungsschwäche, gefolgt von Reaktanz, Selbstwertverletzung und Ungerechtigkeit. Auf den letzten zwei Plätzen unfaires und autoritäres Verhalten.

Bei der wichtigsten Situation „Führungsschwäche" dominiert „sachliches Klären" und die „Reaktion nach innen" tritt in den Hintergrund. Was bedeutet dieses Ergebnis?

Meine erste Idee: Mut haben die Frauen. Es spricht auch für die Unternehmen, aus denen die Frauen kommen. Es bedeutet aber für die schwachen Vorgesetzten, dass sie aufpassen sollten, denn sie bekommen eine starke Konkurrenz – Gott sei Dank! Originalton aus einem Fragebogen:

Es bedeutet aber für die schwachen Vorgesetzten, dass sie aufpassen sollten, denn sie bekommen eine starke Konkurrenz – Gott sei Dank!

„Bin jetzt in der Situation, mich in Linie „unterordnen" zu müssen – leider unter Vorgesetzten, die mir nicht „gewachsen" sind ..."

Beim zweitwichtigsten Ereignis, wo es um die eigene Entfaltung, um Gestaltungsfreiheiten geht, wird eisern in sich „hineingefressen"... Dieses Ergebnis scheint auf den ersten Blick einige stereotype Vorstellungen zu bestätigen, nicht zuletzt die wunderbare Symbolik von *Ute Erhardt's* Buchtitel: Gute Mädchen kommen in den Himmel ... und anhand der mir vorliegenden Antworten sind einige sogar sehr stolz darauf, die „Fassung", die „Haltung" zu wahren und Aggression höchstens in der Phantasie auszuleben, was mich zum Titel dieser Darstellung veranlaßt hat: Das Lied der Seeräuber-Jenny ist eines der bildlichsten Beispiele für die in der Phantasie ausgelebt Aggression, wenn sie ein voll aufgetakeltes Schiff kommen lässt, um die ganze Stadt beschießen und alle umbringen zu lassen: „Und wenn dann der Kopf fällt, sag ich: Hoppla!"

Weiter vorne stellte ich die Frage, ob die Frauen, die die Hindernisse in ihrer Zielerreichung klar wahrnehmen und als gewichtig erleben, über die entsprechenden Verhalten verfügen, solche Hindernisse aus dem Weg zu räumen, sie zu überwinden. Die Antwort muss nun lauten: noch nicht! Also: dringender Entwicklungsbedarf. Der Leidensdruck ist ansatzweise schon da: „Reaktion nach innen" wurde ja am wenigsten befriedigend empfunden ...

Als ersten Schritt zur Veränderung sehe ich die Stabilisierung der (inneren) Legitimierung: Ich darf Schranken überwinden, ich darf Einengungen Widerstand leisten, ich darf mir mehr herausnehmen ... Ich erlaube es mir und zwar mit gutem Gewissen.[22] Ist dies zunächst akzeptiert, ist der Boden vorbereitet zur Erweiterung der Verhaltensmöglichkeiten, wie z.B. Standpunkte offensiv vertreten; Argumentation in der Konfrontation; Abwehr von Angriffen.

Eine andere Hypothese musste ich anhand meiner Daten verwerfen: es gab keinen interpretierbaren Zusammenhang zwischen dem Befriedigungsgrad der Reaktion und dem Schweregrad des Auslösers.

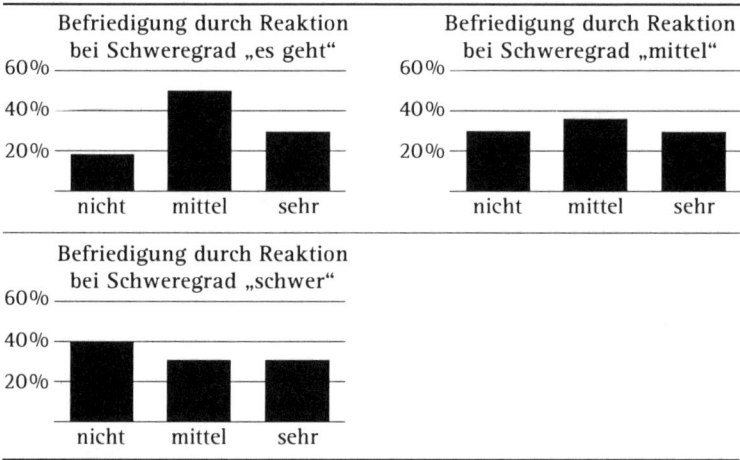

Wenn unabhängig vom Schweregrad des Auslösers das Reaktionsmuster fast gleich ist, so könnte es ja bedeuten, dass zunächst eine generelle Stabilisierung des Verhaltensrepertoires für Durchsetzungsfähigkeit (positiv strategische Aggression) notwendig ist. Erst wenn ein guter Fundus vorhanden ist, kann die strategische Ausrichtung der Handlungskompetenz erfolgen. In diese Richtung weisen auch die folgenden Daten:

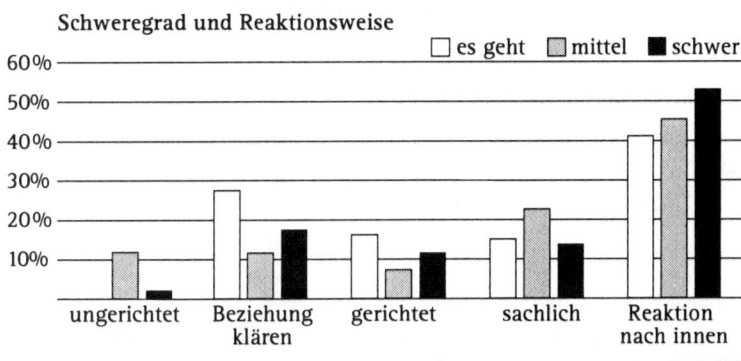

Schweregrad und Reaktionsweise

□ es geht ▨ mittel ■ schwer

Doch solche Interpretationen bedürfen einer neuen, gezielten und größeren Datenbasis.

An die letzte Fragestellung sind wir bei der Auswertung mit erheblichen „Manschetten" herangegangen: Bringt die Selbsteinschätzung der Frauen irgendwelche Aufschlüsse? Ist bei einer so kleinen Zielgruppe eine Clusteranalyse überhaupt sinnvoll?

Die Eindeutigkeit und Klarheit des Datenmaterials hat uns wahrlich verblüfft. Für die Clusteranalyse konnten 21 Fragebögen herangezogen werden, und quasi mühelos bildeten sich drei Cluster heraus. Mit diesen drei Clustern sind 19 Frauen erfasst. Die Eindeutigkeit der Zuordnungen zeigt das Dendrogramm:

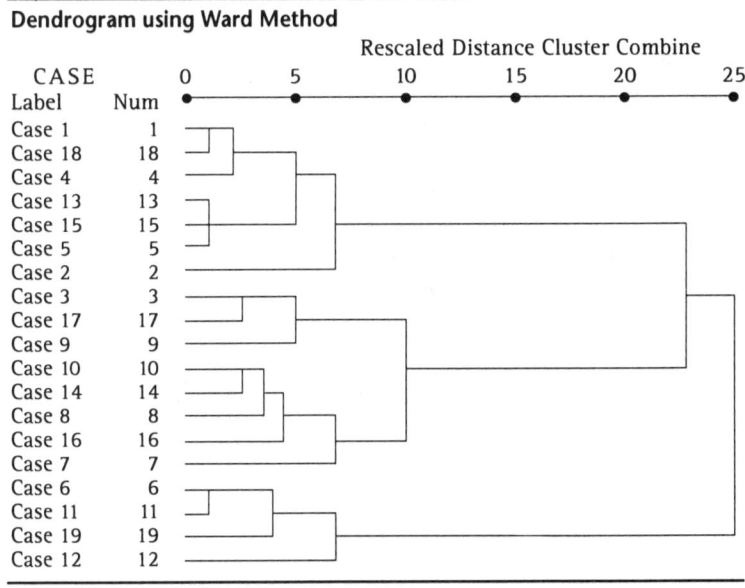

123

Die drei Cluster zeigen folgende Eigenschaftsprofile auf:

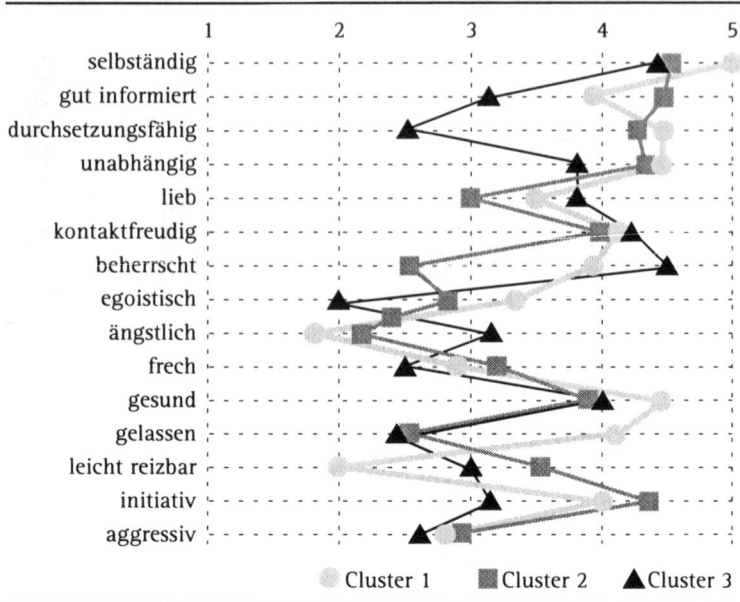

Cluster 1 und 2 sehen sich zwar relativ ähnlich, sind aber statistisch klar getrennt. Cluster 3 ist sehr eigen.

Zur leichteren Handhabung habe ich, trotz des damit verbundenen Risikos, Namen für die einzelnen Cluster gegeben. Es handelt sich dabei nur um Arbeitstitel und nicht um Persönlichkeitskonstrukte!

Cluster	Beschreibung	Name
1: ●	In vielen Werten zwischen den anderen plaziert, sehen sich diese Frauen am wenigsten egoistisch, am ehesten ängstlich, am wenisten gesund, nicht gelassen und eher reizbar.	**Die Traditionellen** (7 Frauen)
2: ■	Besonderheiten dieser Gruppe sind: lieb, beherrscht, kaum reizbar und wenig initiativ.	**Die Damenhaften** (8 Frauen)

3: ▲	Diese Gruppe sieht sich gut informiert, durchsetzungsfähig, unabhängig, am wenigsten beherrscht, egoistisch, am wenigsten ängstlich und am ehesten initiativ.	**Die Angepassten** (4 Frauen) (Ich hätte sie genauso gut auch als die Beneidenswerten bezeichnen können ... Angepasst heißt hier angepasst an die betrieblichen Normen.)

Interessant ist, dass alle drei Gruppen sich ähnlich selbständig, lieb, kontaktfreudig (größte Übereinstimmung), frech, gesund und aggressiv beschreiben.

Den Zusammenhang zwischen Eigenschaften und Auslöse-Ereignissen zeigt die folgende Tabelle:

Situationen

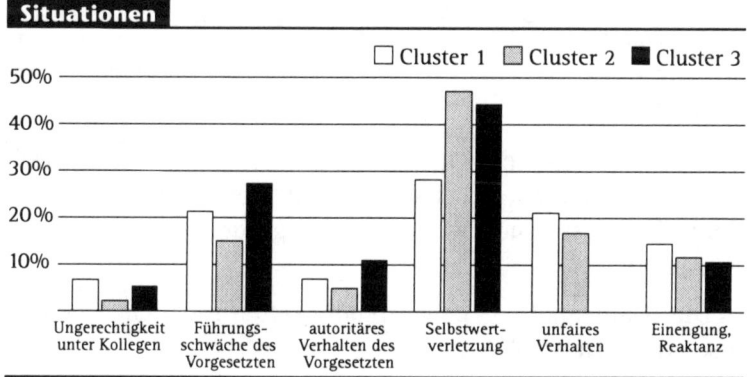

Ins Auge fallen folgende Ergebnisse:

- Die „Angepassten" nennen (erleben?) kein unfaires Verhalten;

- die „Damenhaften" geben Selbstwertverletzung mit dem größten Abstand am häufigsten an;

- Führungsschwäche wird von den „Angepassten" am deutlichsten beklagt.

Hypothese: Ereignisse, die vom eigenen Repräsentationssystem abweichen, lösen bevorzugt Aggression aus.

Sollte sich diese Hypothese (in späteren Untersuchungen) bestätigen, dann können wir daraus als funktionellen Wert der aggressiven Reaktion ableiten, dass hier die eigene Weltsicht, die eigenen Normen, die eigene Ordnung verteidigt und gefestigt wird.

Daraus leite ich die Notwendigkeit ab, das eigene Repräsentationssystem zu reflektieren und bewusst zu entscheiden, inwiefern dieses tradiert werden soll.

Gibt es Unterschiede in den Reaktionsmuster?

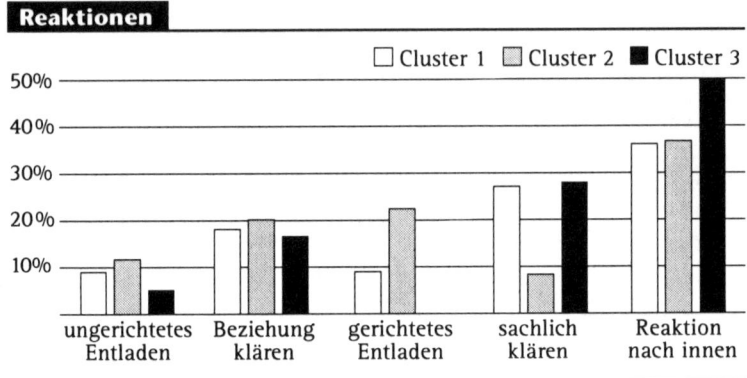

Hier fällt auf:

Die „Angepassten" zeigen kein gerichtetes Entladen, sprich sie streiten sich am Arbeitsplatz nicht. Dies überrascht nicht, denn dies passt auch nicht zum Image der modernen Führungskraft.

Die „Damenhaften" geben relativ selten sachliches Klären, also strategisches Agieren an.

Die „Angepassten" reagieren, selbst innerhalb dieser Zielgruppe extrem deutlich nach innen, d.h. sie verschenken Potentiale und verschwenden Energien! Sitzen sie womöglich in der Falle zwischen smartem Image und wehrlosem Verhalten (s. unten)?

Die „Traditionellen" scheinen am besten für sich zu sorgen: sie nutzen ihre Verhaltensbandbreite recht ausgewogen.

Werfen wir nichts über Bord, was uns heute noch sehr nützlich ist!

Ist diese Beobachtung richtig, so warnt sie zur Vorsicht: Werfen wir nichts über Bord, was uns heute noch sehr nützlich ist! Propagieren wir nicht irgendwelche idealtypischen Frauenbilder auf unsere eigenen Kosten, sondern fragen wir uns, was wir von den anderen, unabhängig unterschiedlicher ideologischer Position lernen können! Frei nach dem Motto: Erwachsen sein bedeutet den Eltern recht zu geben, obwohl sie die Eltern sind ...

5. Ausblick: Die Entwicklung

Quo vadis, Aggressivität von Frauen?

Wohin wir sie lassen – möchte ich am liebsten antworten.

Eine entspannte, chancenreiche Entwicklung setzt voraus, dass wir massive Eingriffe in die eine wie in die andere Richtung unterlassen. Dazu gehört, dass wir aufhören, sog. weibliche Führungstugenden weiter ungeprüft zur Norm zu erheben. Auch sie drängt die Frauen zur Autoaggression, wenn auch aus anderen Motiven als in früheren Generationen: früher durften wir nicht aggressiv sein, weil es unschicklich war; heute sollen wir es nicht sein, weil es offenbar unmodern ist ...

Auch sie drängt die Frauen zur Auto- aggression, wenn auch aus anderen Motiven als in frühe- ren Generationen: früher durften wir nicht aggressiv sein, weil es unschicklich war; heute sollen wir es nicht sein, weil es offenbar unmodern ist ...

Ich teile *Weidners* Verdacht, dass solche normativen Zuschreibungen sehr gut dazu geeignet sind, Frauen von den „Fleischtöpfen Ägyptens" fernzuhalten: „Kurz gesagt, Frauen gelten als die besseren Menschen – und sollten es auch schön bleiben!"[23]

Diese Befragung hat mir gezeigt, welche wertvollen Potentiale verfügbar sind, welche Ansätze verantwortlichen Umgangs sich entwickeln und wieviel Bereitschaft zum Interessenausgleich statt eines „Hoppla-Jetzt-komme-Ichs" vorhanden ist.

Uns Frauen wünsche ich Spaß am Experimentieren mit den eigenen Handlungsmöglichkeiten. Ich wünsche uns Mut, neues auszuprobieren und Sicherheit, das eigene Gefühl als Feedback zu akzeptieren, d.h. Verhaltensweisen, die wir als unbefriedigend erleben, trotz Komplimente von außen abzulegen.

Handlungsbedarf für die Personalentwicklung sprach ich bereits an (Seite 109), die die Förderung der Mitarbeiter und

Mitarbeiterinnen im Sinne konstruktiver, gestalterischer Machtausübung zu unterstützen hat.

Eine allgemeine Aufgabe ist, von romantischen Vorstellungen Abschied zu nehmen, die Beißhemmung zur Sozialverträglichkeit hochstilisieren.

Eine allgemeine Aufgabe ist, von romantischen Vorstellungen Abschied zu nehmen, die Beißhemmung zur Sozialverträglichkeit hochstilisieren. Dies setzt voraus, dass wir verbindliche Spielregeln für Aggressivität (auch in Organisationen) definieren, die für Männer wie für Frauen gelten. Ungezügelter, destruktiver Kampf existiert im Untergrund, wo er sich jeglicher Kontrolle entzieht. Erst, wenn wir lernen, Klartext zu sprechen, können wir die Felder für Solidarität wie für freies Spiel der Kräfte definieren und Sanktionen für Regelverstöße festlegen.

Dazu gehört ebenfalls eine öffentliche Ethikdiskussion. Nur sie kann Tabuisierungen[24] aufheben und Wildwuchs eindämmen. Diese Diskussion existiert nicht in einem ideologiefreien Raum. Doch irgendwo zwischen Sozialromantizismus und Kulturpessimismus werden wir uns zusammenfinden.

Angst vor Schuld, anderen Weh zu tun, führt zu ähnlich verheerenden Folgen wie Gleichgültigkeit gegenüber dem Schmerz anderer, nämlich zu sozialer, emotionaler und moralischer Isolation.

Verhandeln wir doch, wieweit ich, wieweit Sie und wieweit wir gemeinsam gehen können!

Literaturverzeichnis

Calvocoressi, Peter: Who's who in der Bibel. dtv: München, 1990

Campbell, Anne: Zornige Frauen, wütende Männer. Fischer: Frankfurt, 1995

Ehrhardt, Ute: Gute Mädchen kommen in den Himmel ... Krüger: Frankfurt, 1997[34]

Fink, Gerhard: Who's who in der antiken Mythologie. dtv: München, 1993

Helgesen, Sally: Frauen führen anders, Campus: Frankfurt, 1991

Huber, Andreas: Die hohe Schule des richtigen Schimpfens, in: Psychologie heute, 11/1996

Josefowitz, Natasha: Wege zur Macht. Gabler: Wiesbaden, 1991

Krämer, Walter und Götz Trenkler: Lexikon der populären Irrtümer. Eichborn: Frankfurt, 1996

Leitner, Gerit von: Der Fall Clara Immerwahr. C.H.Beck: München, 1994[2]

Matt, Peter von: Verkommene Söhne, missratene Töchter. Hanser: München, Wien 1995

Mitscherlich, Margarete: Die friedfertige Frau. Fischer: Frankfurt, 1985

Pilgrim, Volker Elis: Du kannst mich ruhig Frau Hitler nennen. Rowohlt: Reinbeck, 1994

Sofsky, Wolfgang: Traktat über die Gewalt. Fischer: Frankfurt, 1996[2]

Weidner, Jens: Mit Biss zum Erfolg, in: gdi-Impulse, 4/1997

eb.; Vom hässlichen Tod des Froschkönigs, in: gdi-Impulse, 2/1996

eb.; Anti-Aggressivitäts-Training für Gewalttäter, Forum Verlag Godesberg: Bonn, 1995[3]

Welter-Enderlin, Rosemarie: Macht macht Mühe. Carl-Auer-Systeme: Heidelberg, 1992 (mc)

Wunderer, Rolf und Petra Dick (Hrsg.): Frauen im Management. Luchterhand: Neuwied, 1997

Anmerkungen

1 *W. Sofsky*: Traktat über die Gewalt, Fischer: Frankfurt, 1996[2]

2 Ganz schön aggressiv, mit *Christian Veit-Fischer*, am *Fritz-Perls-Institut* in *Hückeswagen*, 1989

3 Who's who in der antiken Mythologie, von *G.Fink*, dtv 30362, S. 103; s. auch Lexikon der griechischen und römischen Mythologie, von *H. Hunger*, Hollinger: Wien, 1959[5]

4 *Volker Elis Pilgrim*: Du kannst mich ruhig Frau Hitler nennen. Rowohlt: Reinbeck, 1994

5 *Krämer/Trenkler:* Lexikon der populären Irrtümer, Eichborn: Frankfurt/m., 1996, S. 273

6 Who's who in der Bibel, dtv 30012, *Peter Calvocoressi*; S. 73f

7 ebd. s. 154 f

8 Über die Symbolik der langen Haare s. auch: *Peter von Matt*: Verkommene Söhne, missratene Töchter. Hanser: München, Wien, 1995

9 *Gerit von Leitner*: Der Fall Clara Immerwahr, Leben für eine humane Wissenschaft, C.H.Beck: München, 1994[2]

10 Lexikon der Naturwissenschaftler. Spektrum: Heidelberg 1997

11 *Anne Campbell*: Zornige Frauen, wütende Männer – Geschlecht und Aggression. Fischer: Frankfurt,1995

12 *Ute Ehrhardt:* Gute Mädchen kommen in den Himmel, böse überall hin. Krüger (Fischer): Frankfurt, 1994 (1997[34])

13 *Sally Helgesen:* Frauen führen anders, Vorteile eines neuen Führungsstils. Campus: Frankfurt, 1991; S. 29 oder Heyne TB: München, 1991; S. 32

14 vgl. dazu sehr lesenswert: *Beck-Bornholdt* und *Dubben*: Der Hund, der Eier legt, rororo science sachbuch, Nr. 60359, Rowohlt: Reinbek, 1997

15 Eine Veröffentlichung über dieses Projekt ist im Sauer Verlag, Heidelberg in Vorbereitung.

16 s. *Anne Campbell*, a.a.O.

17 Diese Annahme steht in Zusammenhang mit der Untersuchung: *Wunderer/Petra Dick*: Frauen im Management, Luchterhand: Neuwied, 1997 (Eine Studie der Hochschule St. Gallen)

18 *Jens Weidner:* Mit Biss zum Erfolg, in: gdi–impulse, 4/97 (15. Jg.); S. 62-67 (*gdi-impuls* ist eine Publikation des *Gottlieb Duttweiler Instituts* in CH 8803 Rüschlikon bei Zürich, ISSN 1422-0482)

19 Zweifelhaft ist der Dienst, den ihr *Françoise Xenakis* erweist in: Frau Freud ist wieder mal vergessen worden! Kindler: München, 1986

20 *Andreas Huber:* Die hohe Schule des richtigen Schimpfens, in: Psychologie heute, November 1996, S. 28-35 und NZZ-Folio, Zürich, Oktober 1996

21 *Anne Campbell* spricht dabei von den verschiedenen Repräsentationen der Aggression, (a.a.O., S. 200 f) mit interessanten Implikationen auf die Rechtsprechung.

22 Sehr wichtige Gedanken finden sich zu diesem Thema bei: *Natasha Josefowitz*: Wege zur Macht. Gabler: Wiesbaden, 1991 (Original 1980!)

23 *Jens Weidner:* Vom hässlichen Tod des Froschkönigs, in: gdi-impulse 2/96, S. 57-61

24 Es liegt ca. 15 Jahre zurück, dass ich in Unternehmen vorschlug, Seminare über Macht und Machtausübung anzubieten. Die Reaktionen waren z.T. Wort wörtlich die gleichen wie für den Vorschlag, Seminare für weibliche Führungskräfte anzubieten: Das ist für uns kein Thema; unsere Führungskräfte brauchen so was nicht; das gibt nur Unruhe; kein Bedarf...

Jens Weidner

Barbarella is back again

Oder: Vom hässlichen Tod des Froschkönigs

Mehr Aggression für Führungsfrauen zu fordern scheint völlig unzeitgemäß zu sein. Top-Frauen werden heute statt dessen teamfähiger beschrieben, kooperativer und konsensorientierter als Männer. Kurz: Ihre emotionale Intelligenz sei größer und daher scheinen sie besser als Männer geeignet zu sein, Unternehmen in die Zukunft zu führen. Kein Wunder also, dass die Literaturprofessorin und Unternehmensberaterin *Gertrud Höhler* hier den Herzschlag der Sieger geortet hat und die EQ-Revolution ausruft.

„Frauen können führen" betont die Autorin *Westerholt*. Der selbstbewusste, empathisch-einfühlsame Führungsstil ist demnach gefragt, denn Leadership verspreche gegenseitiges Wachstum. „Überzeugen durch Argumente" verlangt der Schweizer Wirtschaftsjournalist *Gideon*, denn autoritäre Herrscher seien out und Diktatoren einsam. Konsensorientierung, Ehrlichkeit und Offenheit, auch die Fähigkeit Niederlagen wegzustecken, statt Belohnung und Bestrafung einzusetzen, gehören zum „Prinzip Verantwortung" des *R. Sprenger*. D.h., jetzt sind die Power-Frauen dran. Im Werbefernsehen schütteln sie bedrohlich ihre l'Oreal-gepflegten Wallemähnen, bevor sie ihre Aktenköfferchen auf den obligat ovalen Tisch der Aufsichtsratssitzung knallen. Barbarella is back again.

Jetzt sind die Power-Frauen dran. Im Werbefernsehen schütteln sie bedrohlich ihre l'Oreal-gepflegten Wallemähnen.

In den Wirtschaftsmagazinen lächeln sie, zehn bis zwanzig Jahre älter, mit glattem Pagenkopf oder strengem Chignon nachsichtig vor üppig dekorierten Blumensträußen, die scharfen Linien abwärts der Nasenflügel weichgezeichnet vom wohlgesonnenen Starfotografen oder collagenunterspritzt von hochdotierten Chirurgen. Denn was bei Männern vielleicht noch als Zeichen bestrittener Schlachten um Wettbewerbsvorteile und Marktpositionen Geltung behauptet, zeugt

bei Frauen von Anstrengung und Verlust von Weiblichkeit"
(*Perner* 1997: 69).

Drängen also EQ-gestählte Erfolgsfrauen mit Teamgeist an die Spitze einer menschenfreundlicheren Geschäftswelt? Eine schöne Perspektive, wenn auch mit naivem Einschlag angesichts der Realität der Wettbewerbsgesellschaft: Firmenpleiten, feindliche Übernahmen, erhöhter Konkurrenzdruck aus Osteuropa und Übersee, mit Menschenmassen, die richtig heiß sind auf Erfolg und eine neue Zweiklassengesellschaft von Arbeitsplatzbesitzern und Arbeitslosen, das sind die Rahmenbedingungen der Gegenwart.

Ich schlage mich mit Amerikanern, Osteuropäern und Asiaten herum im global playing. Das ist doch schon Strafe genug! Und zu Hause, intern, habe ich jetzt auch noch die Weiber im Nacken.

Der kooperative Führungsstil, das ist die feinsinnig-schöne Zukunftsperspektive, aber doch nur die eine Seite der Medaille. Die Schattenseite ist rauher, gerade auch für Frauen, denn die müssen sich nicht nur Konkurrenzunternehmen, Lohndumpern oder Massenproduzenten aus dem asiatischen Raum stellen, sondern auch noch der klassisch-männlichen Karrierephilosophie, die für Frauen nur Stehplätze vorsieht. „Ich mag Frauen, aber nicht als Konkurrenz", so ein Manager der Computerbranche. Und weiter: „Ich schlage mich mit Amerikanern, Osteuropäern und Asiaten herum im global playing. Das ist doch schon Strafe genug! Und zu Hause, intern, habe ich jetzt auch noch die Weiber im Nacken und die machen immerhin über 50% der Bevölkerung aus. Das kann ja noch heiter werden!"

Reflexion bis zur Selbstzerfleischung oder Täterin?

Erfolgsfrauen orientieren sich an political correctness und beruflicher Moral. Statt Spaß an der Aggression erfolgt Reflexion bis zur Selbstzerfleischung.

Die Geschichte der mitteleuropäischen Zivilisation ist ein Prozess der schrittweisen Zähmung und Kultivierung menschlicher Aggressivität. Ein Prozess, der bei Männern nur partiell gelang, bei Frauen dagegen außerordentlich erfolgreich verlief. Erfolgsmänner pflegen ihre Faszination des Bösen. Erfolgsfrauen orientieren sich an political correctness und beruflicher Moral. Statt Spaß an der Aggression erfolgt Reflexion bis zur Selbstzerfleischung. Und da, wo Aggressionen dennoch triumphierende Hochgefühle vermitteln, werden sie als unmoralisch gewertet. Und das ist falsch!

Die renommierte Psychoanalytikerin *Mitscherlich* (1985: 9) schreibt dazu: „Wer sich als Frau dazu entschließt, seine Fähigkeiten offen zu nutzen, selbständig Entscheidungen zu fällen, für Verhaltensänderungen bei sich und anderen zu kämpfen, seine Angst vor notwendigen Aggressionen zu überwinden, muss seine (...) Vorwurfshaltung aufgeben. (...) Das setzt auch voraus, dass Frauen lernen mit ihren Aggressionen bewusster umzugehen und Schuldgefühle besser zu ertragen." Und *Roswitha Burgard* (1988: 230) ergänzt in ihrem programmatischen Buch „Mut zur Wut": „Frauen sind in Relation zu Männern nicht per se aggressionsloser und friedliebender, sondern aggressionsloses Verhalten wird gesellschaftlich von Frauen erwartet. Wir sind also nicht von Geburt an die gefühlvolleren, aufopferungswilligeren und verständnisvolleren Wesen, sondern wir haben vergleichbare Aggressionen wie Männer."

Diese Aussage belegt *Claudia Heyne* (1993: 91) eindrucksvoll. „Täterinnen" heißt ihre Untersuchung, die unter anderem die weibliche Finesse der „Delegation von Gewalt" betrachtet, aber auch Destruktion pur: Danach sind Frauen in Bereichen, in denen sie körperlich überlegen bzw. machtvoll sind, genauso stark an (strukturellen) Gewalttätigkeiten beteiligt, wie die Männer. Belege liefert die Autorin aus dem Sklavenhandel und dem Nationalsozialismus, aus der Kinds- und Pflegemisshandlung, also aus nicht gerade alltäglichen – und für Geschäftsfrauen untypischen – Randbezügen.

Aggressionsverdammung statt Aggressionskultur.

Frauen favorisieren Aggressionsverdammung statt Aggressionskultur und verschaffen damit den Herren der Schöpfung einen Wettbewerbsvorteil, der sich in brutaler Statistik niederschlägt: Nicht einmal 10% von Führungspositionen sind mit Frauen besetzt. Eine Auswertung des *Statistischen Bundesamts* zu den Einkommensstrukturen beispielsweise des Jahres 1995 im produzierenden Gewerbe sowie in Handel, Kredit- und Versicherungsgewerbe in Deutschland ergab, dass unter hundert leitenden Angestellten nur acht Frauen zu finden sind. Das sind über 90% Männerdominanz.

Die Wissenschaft spricht hier von „geschlechtsspezifischen Entwicklungsprozessen", Prozessen, die nicht natur- oder gottgegeben sind! Fakt ist: Frauen haben genausoviel Aggressionspotential in sich wie Männer. Libido und Thanatos, Liebesfähigkeit und Zerstörungspotential rumoren auch im

Fakt ist: Frauen haben genausoviel Aggressionspotential in sich wie Männer. Libido und Thanatos, Liebesfähigkeit und Zerstörungspotential rumoren auch im sanften Geschlecht.

sanften Geschlecht. Aggressionen ausblenden, ignorieren, verniedlichen, das fördert Autoaggression, also Selbstverletzungen, Depressionen oder – wie seinerzeit bei *Lady Di* – Bulimie. Sie hemmungslos auszuleben bringt unnötige Gefährdungen und endet vor Gericht oder im Frauenknast. Aber irgendwo dazwischen liegt das gesunde Mittelmaß, das Frauen ausbremst, Täterinnen zu werden, das aber auch ihre Prädestinierung für die Hilfs- und Opferrolle verhindert. Aggression – bei Männern wird sie oft zum Problem, für Frauen beinhaltet sie eine Chance (*Bierach* 1996: 58). Männer übertreiben oft Macht- und Aggressionsspiele. Frauen erscheinen dagegen zu lieb böse. Sie favorisieren zu häufig statt Kampf das „Dornröschen Phänomen", d.h. sie warten bis sie und ihre Qualitäten entdeckt werden. Sie sind eben mehr Prinzessin als Eroberin. „Ich habe den Eindruck, Frauen sind eher die Königinnen der Nacht als die Königinnen der Macht", so *Rita Süssmuths* provokantes Resümee auf der Düsseldorfer Frauenbildungsmesse 1997. „Vormarsch in Zeitlupe" nennt die Sprecherin des Forums Frauen, *Monika Rühl*, die zögerlichen Karrierefortschritte ihrer Geschlechtsgenossinnen. Erfolgsfrauen brauchen mehr Selbstbewusstsein, Zielstrebigkeit und Konsequenz, quasi die positiven Seiten der Aggressivität. Daher könnte eine märchenhafte Zukunftsempfehlung für Erfolgsfrauen lauten: Werfen Sie Ihren Froschkönig ruhig gegen die Wand. Nicht weil Sie auf den Prinzen hoffen, sondern weil Ihnen das Geräusch des Aufklatschens so gefällt!

Werfen Sie Ihren Froschkönig ruhig gegen die Wand. Nicht weil Sie auf den Prinzen hoffen, sondern weil Ihnen das Geräusch des Aufklatschens so gefällt!

Das „geschlechtsspezifische Gefängnis" für Erfolgsfrauen.

Dieses „tough-women-image" sollte natürlich nur dosiert eingesetzt werden, sonst verkommt es zum primitiven Machtspiel. Ein solch dominanter Zug sollte maximal 20% Ihres erfolgsorientierten Charakters ausmachen, denn 80% Ihres Berufslebens lassen sich sozialverträglich regeln. Aber, viele Frauen scheinen selbst 20% Biss abzulehnen, obwohl diese letztlich im Wettbewerb über Erfolg oder Misserfolg mitentscheiden.

Ein Beispiel: Mit 31 war sie Museumsdirektorin. Eine tolle Karriere. Auf die Frage nach ihrem Stolz, ihrer Berufszufriedenheit antwortete sie: „In meinem Alter sollte es eine Frau nicht mehr nötig haben zu arbeiten. Arbeiten zu müssen, das ist doch ein Zeichen irgendwie versagt zu haben." *Cowlett Dowling* spricht hier vom Cinderella Komplex und der unterstellt – entschuldigen Sie, verehrte LeserInnen – die heimliche, jahrhundertelang antrainierte Angst der Frauen vor der Unabhängigkeit. Er unterstellt einen tiefverwurzelten, unzeitgemäßen Wunsch, den engagierte Frauen zwar kognitiv ablehnen, der sich aber in die Tiefe der Seelen scheinbar eingefressen hat. Ein archaischer, fieser Beschneider kreativer Kräfte, sozusagen ein eingebautes Sabotageprogramm!

Frauen stecken damit in einem geschlechtsspezifischen Gefängnis: Sie schlagen sich nicht nur mit einer machtvollen und machtgewohnten Männerwelt herum, sondern auch noch mit einem inneren Feind, der ihnen einen korrekten und rücksichtsvollen Erfolg abverlangt und sie bei diesem Selbstverständnis an der auch ungerechten Wirtschaftswelt verzweifeln lässt. Das heißt, Frauen scheitern nicht an ihren Aufgaben. Sie scheitern auch nicht an ihrer Leistungsbereitschaft, sondern an ihrer hohen Messlatte des fairen Wettbewerbs!

Sie schlagen sich nicht nur mit einer machtvollen und machtgewohnten Männerwelt herum, sondern auch noch mit einem inneren Feind, der ihnen einen korrekten und rücksichtsvollen Erfolg abverlangt.

Erfolgsmännern ist es dagegen egal, woran die aufstrebenden Mitbewerberinnen scheitern. Das Wichtigste ist, sie scheitern! Vordergründig emphatische männliche Mitstreiter nehmen die weiblichen Machtambivalenzen seismographisch wahr und verstärken sie leidenschaftlich gerne mit dem strafverschärfenden Hinweis auf vernachlässigte Kinder (Raben-Mutter-Syndrom) oder demnächst zu erwartende Psychosomatosen. Bei männlichen Leistungsträgern um die vierzig gilt es ja mittlerweile als chic, die Stiche im Brustbereich zu pflegen und ausführlich darüber zu sprechen. Das Motto lautet: Man(n) gibt alles – und als schönes Nebenprodukt fällt auch noch die Desillusionierung von Erfolgsfrauen ab. Solch ein gesundheitsschädigendes Jobverständnis erinnere mehr an K(r)ampf und dröge Pflichterfüllung als an Selbstverwirklichungs-Elan, sagen viele Frauen. Das sei nicht ihre Vorstellung von Lebensqualität.

Sich durchsetzen, aber niemanden verletzen?

Kurz gesagt, Frauen gelten als die besseren Menschen – und sollten es auch schön bleiben: In der Kriminalität sind sie nur eine kleine Randgruppe. Bei Gewalttaten kann man sie sogar statistisch vernachlässigen. Und wenn doch einmal eine Frau massiv gewalttätig wurde, war es eine Konflikttat, d.h. der Tat ging ein oft jahrelanger Leidensprozess in einer Beziehung voraus. Aggression als Machtspiel bleibt dagegen fest in Männerhand. Und deswegen ist die Chance mittelmäßiger Männer, erfolgreich zu werden, so unendlich größer als bei Frauen, bei denen sich nur die Creme de la Creme durchsetzt. Kognitionspsychologisch gesprochen sind Frauen differenzierter und moralischer, aber deswegen auch erfolgloser! Ein Paradoxon? Sehen Sie selbst:

Frauen wollen ihr Ziel erreichen, aber niemanden überrollen. Sie wollen sich durchsetzen, aber niemanden verletzen. Sie wollen selbstsicher sein, aber niemanden ängstigen. Sie wollen kritisch sein, aber niemanden schlecht machen. Sie wollen ihre Meinung sagen und überzeugen, aber nicht manipulieren, so die Erfolgsautorin *Ehrhardt*. Frauen wollen nicht zu weit gehen. Sie meiden die zwischenmenschliche Grauzone, in der der Übergang von Zielstrebigkeit/Konsequenz und übertrieben aggressivem Auftreten fließend ist. Sie bremsen bei Gelb ab, statt sich auf ihre 200-PS-Power zu verlassen und Gas zu geben. Schade eigentlich!

Die „Frauen-Aggressivitäts-Falle" der Männerwelt

Headhunter und Unternehmensberater fördern diese differenzierte Zurückhaltung, dieses hanseatische Understatement aus niederen Beweggründen:

Männer betonen bei Frauen zu gerne Teamorientierung und soziale Kompetenz und verschweigen doch, dass auch jedes noch so eingespielte Team eine graue Eminenz hat.

Sie empfehlen Frauen nicht zu aggressiv zu sein, das klinge so kriegerisch. Sie sollten höchstens ambitiös, auf neuhochdeutsch: ehrgeizig sein. Sie begrüßen mehr Biss, aber warnen vorm Wegbeißen. Männer betonen bei Frauen zu gerne Teamorientierung und soziale Kompetenz und verschweigen doch, dass auch jedes noch so eingespielte Team eine graue Eminenz hat, die in Konfliktfällen die Richtung vorgibt. Und in der Mikrosoziologie ist es kein Zufall, dass von grauer Eminenz und nicht von grauer Äbtissin gesprochen wird!

Fakt bleibt, „Macht macht Frauen mächtig": „Frauen müssen die Mechanismen der oft informellen Machtstrukturen kennen, um sich auf sie einlassen zu können mit dem Ziel, sie zu verändern" (*Stahmer* 1998: 157). Frauen, die das durchschauen und auf die Macht- und Männerspiele nicht hereinfallen und trotzdem fighten, also Frauen, die ernsthafte Gegenspielerinnen werden, die erhalten die Höchststrafe. Vom Image her wird dem weiblichen Geschlecht die größere Affinität zur Intrige unterstellt, aber auch Männer haben hier bemerkenswertes zu bieten, zumal ihr System Jahrhunderte erprobt ist. Zu drastischen Mitteln wie der Hexenverfolgung und -verbrennung mag man spätestens seit der Aufklärung und aus ethischen Gründen nicht mehr greifen. Statt dessen pflegt die Männerwelt heute den sanften Rufmord:

Ambitiös wird plötzlich zum krankhaften Ehrgeiz, Durchsetzungsstärke zur Hysterie, Zielstrebigkeit zur Sturheit und weibliche Dynamik zum bornierten Auftreten. Ein Stigmatsierungsprozess, den das Schweizer Wirtschaftsmagazin BILANZ treffend als „Frauen-Aggressivitäts-Falle" bezeichnet. Bei Frauen, die dennoch auf ihren Erfolg bestehen, anstatt bescheiden ins dritte Glied zurückzutreten, wird sexistisch nachgelegt: Sie gelten als frigide, frustriert, unweiblich. „Diese Frau ist unser härtester Mann", wird zum geflügelten Wort. Machowitze unterhalb des Playboy-Niveaus sind in diesem Kontext nicht nur Ausdruck primitiv-unsensibler Männlichkeit. Sexismus verstehen die Kerle vielmehr als eine der wirkungsvollsten Waffen im Geschlechterkampf, denn die Erfolgsfrau von heute hasst dieses Vulgärniveau, diese Form der Trash-Kultur!

Bei Frauen, die dennoch auf ihren Erfolg bestehen, anstatt bescheiden ins dritte Glied zurückzutreten, wird sexistisch nachgelegt: Sie gelten als frigide, frustriert, unweiblich.

So verwundert nicht die Aussage einer 33-jährigen Ressortleiterin eines internationalen Wirtschaftmagazins: Von 1000 männlichen Furien fühle sie sich gejagt! Und auf die Frage nach ihrer wichtigsten Kompetenz in ihrer beruflichen Anfangszeit in diesem Durchstarterjob antwortet sie: „Dumme Antworten auf dicke Busen-Witze!" Das ist ja auch ein starkes Stück. Ressortleiterin in der Männerdomäne Wirtschaftmagazin! Bei „Bolero" oder „Cosmopolitan", das hätten die männlichen Topjournalisten noch verkraftet, aber hier war Schluss. Merke: Für den gejagten Mann bleibt Chauvinismus und Sexismus eine antiquierte Strategie, weibliche Emporkömmlinge abzuschrecken und auf Distanz zu halten!

Identifikation mit der Aggressorin

Verehrte LeserInnen, sollten Sie in Ihrem beruflichen Umfeld ähnlich hässliche Kommentare aus der Gerüchteküche hören, seien Sie nicht frustriert, schmeißen Sie auf gar keinen Fall das Handtuch. Seien Sie stolz, denn Sie sind auf dem richtigen Weg! Warum? Man(n) nimmt Sie ernst. Man(n) betrachtet Sie als bekämpfenswerte Konkurrenz. Seien Sie in dieser Phase nicht freundlich, nicht vermittelnd zu Ihren Gegenspielern. Seien Sie klar: betrachten Sie die als Feindbild. Seien Sie nicht diplomatisch, nicht emphatisch, sondern streng! Mehr *Birgit Breuel* als *Gertrud Höhler*!

Sie folgt Machiavellis Prinzip. Und der empfahl schon vor 500 Jahren: Wen Du nicht töten kannst, mach' zu Deiner Freundin!

Von dieser ernsthaften Konfrontation ist es zur seriösen Auseinandersetzung nur noch ein kleiner Schritt. Ein Schritt, für den die Psychologie einen wohltuenden Effekt zu bieten hat. Ablehnende Gerüchte wandeln sich schnell in professionellen Respekt, wenn man an Ihnen nicht vorbeikommt, wenn Sie Standfestigkeit beweisen: „Identifikation mit der Aggressorin" ist das psychoanalytische Schlagwort... D.h., Ihr Umfeld beginnt sich klammheimlich an Ihrer Kompetenz zu orientieren. Sie folgt Machiavellis Prinzip. Und der empfahl schon vor 500 Jahren: Wen Du nicht töten kannst, mach' zu Deiner Freundin! Zugegeben, kein leichter Kurs, aber eine Bestätigung der Autorin *U. Ehrhardt*. Und die weiß: Gute Mädchen kommen in den Himmel — böse in den Vorstand. Und das ist doch eine spannende Form weiblicher Flexibilität, oder?

Literaturauswahl

Bierach, B./Hildebrandt-Woeckel, S.: Mit vielen Barrieren, in: Wirtschaftswoche 27/1996

Burgard, R.: Mut zur Wut. Berlin 1988

Dowling, C: Der Cinderella Komplex. Fischer, Frankfurt/M. 1995

Ehrhardt, U.: Gute Mädchen kommen in den Himmel, böse überall hin. Frankfurt/Main 1994

Gideon, B.: Diktatoren sind einsam. Oesch Verlag 1997

Heyne, C.: Täterinnen. Zürich 1993

Höhler, G.: Herzschlag der Sieger. Econ 1997

Mitscherlich, M.: Die friedfertige Frau. Frankfurt/Main 1985

Perner, R.A. : Abschied vom Mythos Macher, in: gdi-impuls 4/97

Sprenger, R.K.: Das Prinzip Selbstverantwortung. Campus 1997

Stahmer, I.: Macht macht Frauen mächtig. Jahrbuch der sozialen Arbeit. Münster 1998

Weidner, J.: Aggression – Falle oder Chance für Führungsfrauen? in: gdi-impuls 2/1996

Westerholt, B.: Frauen können führen. dtv 1997

Böse Buben in den Chefetagen

Aber: Konstruktiv-Aggressive sind auf dem Vormarsch

Drei Fragen an den Psychotherapeuten und Aggressionstrainer Wolfgang Merz über böse Buben in den Chefetagen:

Herr Merz, kommen böse Buben in die Chefetage und gute Buben in die Abteilung Sachbearbeitung?

Wolfgang Merz: Im Großen und Ganzen trifft dies leider zu. Destruktive, menschenverachtende Führungsperönlichkeiten setzen sich bei den Topjobs bislang eher durch. Allerdings gibt es erste Anzeichen, daß jene durchsetzungsfähigen Nachwuchskräfte zumindest ins mittlere Management verstärkt vordringen, die den fairen Disput vorziehen. In den nächsten vier bis sechs Jahren erobern diese Konstruktiv-Aggressiven dann hoffentlich auch die Chefetagen. Hintergrund: Auftritt und Verhalten der Führungskräfte werden zu immer wichtigeren Imagefaktoren von Unternehmen.

Macht Karriere aggressiv, oder machen Aggressive Karriere?

Merz: Sowohl als auch: Karrieremacher versuchen, ihre Kontrahenten in klassischer Ellbogenmanier auszuknocken. Diese wiederum setzen sich mit denselben Mitteln zur Wehr. Softies bleiben auf der Strecke. Der Machtkampf gipfelt in „schizophrenem" Verhalten: Top-Manager erlassen Ethik-Leitlinien, ohne sich selber daran zu orientieren. Untergebene sagen sich darauf-

Psychotherapeut Wolfgang Merz: Der konstruktive Umgang mit Aggressionen läßt sich lernen.

hin: Wenn die Chefs sich nicht ans Fairplay halten, dann spielen wir auch nicht mit.

Wie können friedfertige Aufsteigertypen Aggressionen lernen?

Merz: Zunächst müssen sie die eigenen Aggressionen als Teil ihrer Persönlichkeit erkennen und akzeptieren. Dann sollten sie die Angst vor Konflikten verlieren und kreativ lernen, sich zu streiten, ohne ihren Weg nach oben dabei mit Leichen zu pflastern. Streiten ist okay, wenn es dabei fair und konstruktiv zugeht.

Die Fragen stellte Thilo Neidhart

Quelle: Horizont. Zeitung für Marketing, Werbung und Medien 22.5.1997, S. 53

Wolfgang Merz

Wenn die Manager-Welt zur Psychohölle wird

Oder: Die Lust am Leiden der Erfolgsverwöhnten

In den Reden ihrer Chefs und den glänzenden Firmenbroschüren herrscht in den meisten Unternehmen ein menschenfreundlicher und kooperativer Arbeits- und Führungsstil. Doch diese schöne Fassade täuscht zumeist. Oft gerät, gerade im Berufsleben, das menschliche Miteinander zum Gegeneinander. Nicht ausgelebte Gefühle, vor allem unterdrückter Ärger und Aggression heizen das schlechte Klima an und lassen den ganzen Betrieb zur Psychohölle werden.

Teils mit Sorge, teils mit Neid verfolgte der Geschäftsführer eines Automobilzulieferers schon seit Monaten den Aufstieg eines Mitarbeiters. Als der Emporkömmling es eines morgens wagte, sein Auto auf einen der für die Chefs reservierten Stellplätze zu parken, verlor er die Contenance. Kurzerhand ließ er den Motor aus diesem Auto ausbauen.

Jahrelang hatte der Chefdesigner eines großen deutschen Automobilkonzerns seinen Ärger hinuntergeschluckt. Seinen sich aufstauenden Aggressionen gönnte er kein Ventil. Auch seinen Sohn, der ihm mit seiner Arbeitsunlust und Trinkfreudigkeit nur Ärger bereitete, behandelte er immer nur mit Freundlichkeit und gutgemeinter Fürsorge. Eines Tages aber drehte der Designchef durch - er tötete seinen Sohn mit mehreren Messerstichen.

Endlich Ruhe vor seinem autoritären Vater hatte der 35jährige Anlageberater gefunden. Gemeinsam mit seiner Freundin lebte er in der gemeinsamen Wohung und wähnte sich „endlich frei". Die vielen Schläge und Demütigungen, die er als Kind erdulden musste, schienen vergessen. Doch dann, eines Nachts, kam die ganze aufgestaute Wut aus ihm heraus. Stundenlang tobte er in seiner Wohnung herum, brüllte, verprügelte seine Freundin und hätte sie beinahe erwürgt. „Heute weiß ich", so sagte er es im Interview mit dem „Süddeutsche-Zeitung-Magazin", „dass es die Wut war, die ich auf meinen Vater hatte".

Vor allem von ihren Vätern erfahren Kinder ungleich mehr Aggressivität als Liebe. Die Unfähigkeit vieler Männer, körperlichen Kontakt zu ihren Kindern aufzunehmen und Zuneigung auszudrücken, hat gravierende Folgen für die Entwicklung der Kinder. Sie verfallen in die gleichen Verhaltensweisen ihren eigenen Kindern gegenüber, sofern sie es später nicht lernen, ihre Gefühle wie Liebe, aber auch Aggressionen, sowohl auszudrücken als auch zu empfangen.

Die amerikanischen Autoren *Muriel James* und *Dorothy Jongeward* haben in ihrer Beraterpraxis die Erfahrung gemacht, dass lieblos aufgezogene Kinder damit eine schwere Hypothek mit ins Erwachsenendasein schleppen. Über einen ihrer Klienten schreiben sie: „Der Mangel an körperlichem Kontakt, den Richard als Kind erlebt hatte, trug zu seinem unproduktiven Rollenbuch bei. Er erreichte tatsächlich nichts, bis er entdeckte, wie man Streicheln gibt und empfängt. Als er dies gelernt hatte, kam es seinem Familienleben wie auch seinem Berufsleben zugute." Weil die Eltern-Kind-Problematik entscheidende Ursache für die Ausprägung einer von Hass und Selbsthass geprägten Persönlichkeit ist, wird sie später noch ausführlich gewürdigt.

Nichts wird ihnen mehr verübelt als der Ausdruck unangepasster Gefühle, vor allem das Zeigen und Ausdrücken von Aggressionen.

Eine der Folgen dieses Problemkreises: Mit der Aggression haben gerade Manager, angehende wie bereits etablierte gleichermaßen, ihre Schwierigkeiten. Nichts wird ihnen mehr verübelt als der Ausdruck unangepasster Gefühle, vor allem das Zeigen und Ausdrücken von Aggressionen.

Wie ein Tabu hängt über den westlich geprägten Gesellschaften das Aggressionsverbot. Je stärker Aggressionen aber unter Tabu stehen, desto aggressiver lädt sich die ganze Atmosphäre auf. Über die Amerikaner etwa, die einerseits zu Aggressivität erzogen werden, zugleich aber umgänglich und rücksichtsvoll sein sollen, schreibt der amerikanische Psychologe *Edward Frank*: „Die Gewalt wird in der Unterhaltungsindustrie und in den Massenmedien verherrlicht, in persönlichen Beziehungen und im alltäglichen Umgang jedoch verdammt. Die amerikanische Gesellschaft bietet keine institutionell gebilligte Möglichkeit, die Verwirrung und Schuld aufzulösen, die aus diesem Konflikt der sozialen Werte erwachsen.“

Genauso sehen es die amerikanischen Aggressionsforscher *George R. Bach* und *Herb Goldberg*. „Wir leben in einer Zeit, in der einerseits intensivste und geradezu wahnsinnige Gewalttätigkeit an der Tagesordnung ist, andererseits aber die leiseste Äusserung persönlicher Aggressionsgefühle vermieden werden muss. Dies gilt sowohl für die Aufbereitung von Informationen als auch Diktion und Unterhaltung in den Medien. Beide betonen daher die Notwendigkeit einer „neuen Aggressionsethik.. Ihrer Überzeugung nach muss ein neues Verständnis und ein neuer Weg gefunden werden, mit Aggressionen umzugehen, wenn nicht noch mehr Gewalt und Entfremdung das Leben beeinträchtigen soll.

Wir leben in einer Zeit, in der einerseits intensivste und geradezu wahnsinnige Gewalttätigkeit an der Tagesordnung ist, andererseits aber die leiseste Äußerung persönlicher Aggressionsgefühle vermieden werden muss.

In den deutschsprachigen Ländern und auch in anderen Teilen der Welt wird mit der Aggression nicht klüger umgegangen. Die Folge ist eine doppelte Moral. Strenggenommen haben wir es hier mit dem gleichen Prozess zu tun, der auch der Sexualität widerfahren ist. Gesunde, vitale, persönliche, gefühlsintensive Aggressionen werden unterdrückt und Perversionen, vor allem der aggressive Voyeurismus, werden gefördert. Nach dem Motto: ansehen dürfen wir uns alles, selbst tun nichts.

Es sei denn, man wird nicht erwischt. Im sicheren Versteck der großen Masse etwa lässt auch der einzelne schon mal seiner angestauten Wut freien Lauf. Bei den Deutschen äußerte sich das nach Darstellung der Frankfurter Psychoanalytikerin *Margarete Mitscherlich-Nielsen* in einem „ungeheuer aggressiven Nationalgefühl“. Und heute haben wir aus ihrer Sicht „einen Staat der kapitalistischen Rücksichtslosigkeit zustande gebracht — einen Staat der Menschlichkeit, des Verstehens, den haben wir nicht geschaffen“.

Den hat es aber wohl noch nie gegeben. Seit es Staaten und Gesellschaften mit Klassen und Machthierarchien gab, strebten die herrschenden Kräfte nach dem Gewaltmonopol und fürchteten die Aggressionen der unterdrückten Schichten. Gärte es im Volk zu stark, wurde entweder die Repression verstärkt oder Volkes Zorn nach außen gelenkt: auf Feinde, Sündenböcke, Ungläubige oder sonstwie Ausgegrenzte. Schon von den alten Ägyptern, Griechen, Persern, Römern oder Germanen wissen wir eines genau: Sie waren ständig im Kampf.

Und sie stritten wohl auch lustvoll. Doch zurück ins 20ste Jahrhundert: Als einer der ersten stellte Freuds Schüler *Alfred Adler* die These vom Todes- und Aggressionstrieb in Frage. Für ihn ist der Mensch in erster Linie ein soziales Wesen, das freilich von der Natur von Kindheit an mit einem natürlichen Minderwertigkeitsgefühl ausgestattet wird. Doch eine menschenfreundliche Erziehung des Kindes lasse den Minderwertigkeitskomplex rasch verschwinden und fördere die kreativen und sozialen Seiten des Menschen. Wo die Umstände und das Erziehungswesen freilich sozialfeindlich sind, neige der Mensch zur Kompensation seines Minderwertigkeitsgefühls in sozial schädlicher Weise.

Der Berliner Psychoanalytiker und Adler-Schüler *Josef Rattner* äußerte daher schon kurz nach dem letzten Weltkrieg, selbst ein beispielloser Exzess menschlicher Aggressivität, die Hoffnung auf Präventivmaßnahmen zur Kontrolle der Aggression. Eben weil Aggression ganz oder zumindest großenteils auf pädagogische und soziale Einflüsse zurückgeführt werden könne. Er forderte schon damals verstärkte Forschungsarbeit von Psychologen, Soziologen und Politologen über dieses Thema.

Kein gutes Haar ließ *Rattner* auch an den Usancen der Verhaltensforscher, Verhalten von Tieren auf Menschen zu übertragen. „Bei *Konrad Lorenz*", so kritisierte er in den sechziger Jahren den Nobelpreisträger, nehme dieser „Denkstil" geradezu komische Formen an: „Weil gewisse Zierfischchen ihren 'täglichen Streit' brauchen, wird angenommen, dass auch der Mensch ein sich ständig auffüllendes 'Aggressionspotential' habe, das abreagiert werden müsse. Wenn er von Krieg, Nationalismus, der Bekämpfung von Vorurteilen etc. spricht, wird der berühmte Verhaltensforscher zum 'Biertischpolitiker', der u.a. 'Miteinanderlachen' als Heilmittel gegen die internationalen Spannungen anpreist."

Insgesamt kritisiert *Rattner* an einem „Großteil der menschenkundlichen Forschung", dass sie im Grunde stagniere, weil die meisten darin tätigen Wissenschaftler in den Klischeevorstellungen ihrer Zeit und ihrer Gesellschaftsschicht befangen blieben und daher nur gängige Auffassungen wiedergäben, die der üblichen Denkfaulheit schmeichelten. Als Beispiel nennt er die Metapher vom Menschen als Raubtier mit angeblich „natürlichem Hang zum Bösen", die ihren wahren Ursprung in der theologischen Lehre von der Erbsünde habe.

Wie auch immer menschliche Aggression zustandekommt – ein Problem wird diese Form von Lebensenergie erst mit ihrem Ausdruck – oder ihrem Nichtausdruck. Wie der Manager am Ende Aggression ausdrückt, gilt zumindest den meisten Psychologen als Folge eines Lernprozesses – je nach Verarbeitung von Enttäuschungen und dem Umgang mit Frustrationen kann Aggression in eine konstruktive oder destruktive Richtung gelenkt werden.

Immer destruktiv wirkt sich das Hemmen oder Verdrängen aggressiver Impulse aus. Manche Experten sehen hier einen wesentlichen Beitrag zu psychosomatischen Erkrankungen. Krebs, Herzinfarkt, Magengeschwüre und ähnliche Leiden werden wohl auch deshalb als „aggressive Krankheiten" bezeichnet. Nicht die verdrängte Sexualität, sondern die unterdrückte Aggression gilt vielen Psychologen heute als die eigentliche Krankheit unserer Zeit. Letztlich hat auch das Unterdrücken anderer Gefühle mit der Angst vor Aggression zu tun. Emotional gehemmte Menschen haben stets Schwierigkeiten, ihre Aggressionen offen und direkt auszuleben.

Die unterdrückte Aggression gilt vielen Psychologen heute als die eigentliche Krankheit unserer Zeit.

Die heimlichen Wuterreger

Mit dem Unterdrücken verschwindet die Aggression keinesfalls. Sie verändert sich jedoch. Die amerikanischen Aggressionsforscher *George R. Bach* und *Herb Goldberg* haben eine ganze Liste „heimlicher Wuterreger" gefunden, die unterdrückte Aggression hervorbringt. Die wichtigsten sind:

Die amerikanischen Aggressionsforscher George R. Bach und Herb Goldberg haben eine ganze Liste „heimlicher Wuterreger" gefunden.

• **Verschwörung.** Der Unternehmer, der seinen erwachsenen, leistungsschwachen Sohn ermuntert, im Elternhaus wohnen zu bleiben und ihm auch noch Geld für Alkohol gibt, verhält sich tatsächlich aggressiv. Er verschwört sich gegen ihn, indem er sich mit den selbstzerstörerischen Gewohnheiten des Sohns – Alkoholismus, fehlende Kraft, ein eigenes Leben zu führen – verbündet. Ebenfalls ein Aggressor ist der

Ebenfalls ein Aggressor ist der Manager, der seiner übergewichtigen Sekretärin bei Anlässen wie Geburtstag oder Weihnachten immer wieder nur Pralinen oder andere Süßigkeiten schenkt.

Manager, der seiner übergewichtigen Sekretärin bei Anlässen wie Geburtstag oder Weihnachten immer wieder nur Pralinen oder andere Süßigkeiten schenkt.

• **Krankheitstyrannei.** Die Krankheit wird vom heimlich Aggressiven dazu benutzt, die eigene Umwelt zu manipulieren. Er verschafft sich damit früher nie erlebte Macht, da die Krankheit Schuldgefühle bei anderen verursacht. Diese Krankheitstyrannen hatten meist sehr autoritäre Eltern, die ihnen die Möglichkeiten kindlicher Selbstbehauptung ebenso abschnitten wie Ärgerreaktionen oder Widerspruch. Diese Kinder erlebten nie das Gefühl von Macht und Überlegenheit, außer wenn sie krank waren. Dann waren sie plötzlich die Hauptperson, dann durften sie Ansprüche stellen, erlebten Zuwendung und damit das Gefühl von Macht.

• **Vergesslichkeit.** Diese sehr verbreitete, weil nicht durchschaute Form heimlicher Aggression treibt ihr Opfer besonders wirksam auf die Palme. *Bach* und *Goldberg* empfehlen, den Begriff „vergessen" durch „nicht wollen" zu ersetzen, um die tiefere Bedeutung der Vergesslichkeit zu verstehen. Denn dieser heimliche Aggressor wählt den Gegenstand seiner Vergesslichkeit durchaus sorgfältig aus.

• **Missverständnis.** Fast ebenso verbreitet wie die Vergesslichkeit ist das Auftauchen von Missverständnissen. Auch der Missversteher reizt mit seiner Unschuldsmiene andere zur Weißglut.

• **Hinhalten.** Die passive Aggression besteht in zermürbenden Verzögerungen. Sie ist, wie auch beim Vergessen und Missverstehen, am Auswahlprinzip zu erkennen: Der Hinhalter vertröstet nur immer ganz bestimmte Menschen in ganz bestimmten Belangen. Bei eigenen Anliegen kann der Hinhalter durchaus zuverlässig handeln.

• **Zuspätkommen.** Die heimliche Botschaft des Zuspätkommens liegt in der Herabwürdigung des anderen. Indirekt will der Zuspätkommer klarmachen, dass er wichtiger als andere sei und diese ruhig auf ihn warten können. Beim Erfinden von Ausreden entwickeln Zuspätkommer eine reiche Phantasie, was ihre „Opfer" leicht in die Defensive drängt, sie verärgert und frustriert – genau das, was der Zuspätkommer erreichen will.

- **Der Rotkreuzschwester-Komplex.** Heimliche Aggressoren dieses Typs finden Selbstbestätigung bei schwachen Menschen, denen sie aber nicht wirklich helfen, indem sie etwa deren Verantwortung für ihr eigenes Leben betonen, sondern sich stets auf den Standpunkt des Opfers stellen und mit ihm alle Schuld woanders suchen. Damit schaden sie ihren Opfern und verbauen ihnen den einzig gangbaren Lösungsweg: den Aufbau von Selbstverantwortung für das eigene Leben. Diese Variante des heimlichen Aggressionsausdrucks kommt häufig in Partnerschaften mit einem Alkoholiker vor. Wenn der Alkoholiker seine Krankheit überwindet und zu trinken aufhört, zerbricht daher häufig die Partnerschaft.

- **Moralische Überlegenheit.** Moralisten – radikale Ökologen, Vegetarier, Pazifisten usw. - fühlen sich stets auf sittlich höherem Niveau als ihre Mitmenschen. Ihr gefährliches, weil nur selten angegriffenes Machtstreben kommentieren *Bach/Goldberg* so: „Der Aggressor kann hier unter der Maske der Vergeistigung, des Gerechtigkeitssinnes oder der Wahrhaftigkeit sein Überlegenheitsbedürfnis befriedigen und seiner Menschenverachtung ungehemmt freien Lauf lassen. In der Gegenwart eines 'Moralisten' fühlen die meisten Menschen Selbstzweifel in sich aufsteigen, die ihr Selbstbewusstsein bedrohen".

Der Aggressor kann hier unter der Maske der Vergeistigung, des Gerechtigkeitssinnes oder der Wahrhaftigkeit sein Überlegenheitsbedürfnis befriedigen und seiner Menschenverachtung ungehemmt freien Lauf lassen.

- **Intellektualisierung.** Wer bewusst kopfbetont agiert, will sich über seine Umwelt erheben. Die Feindseligkeit dieser heimlich Aggressiven liegt darin, dass sie sich gefühlsmäßig völlig verschließen, sich anderen also gewissermaßen menschlich, emotional vorenthalten. Eine solche Person maskiert seine Feindseligkeit mit seiner Vernünftigkeit und seinem Verständnis.

- **Anerkennungs-Verweigerung.** Dieser heimliche Aggressor ringt sich nie zu einer lobenden Äußerung gegenüber anderen durch und erzeugt auf diese Weise bei Menschen, die von ihm abhängig sind, Unsicherheit und Zweifel. Der Anerkennungsverweigerer hält so andere Menschen auf Distanz und erspart sich Anforderungen von ihnen.

- **Zweifel.** Scheinbar hilfsbereit und fürsorglich, erregen Zweifler ständig Angst und Unsicherheit, weil sie, selbst unsicher und voller Zweifel, neben sich keine selbstbewussten

Menschen ertragen. Ihre Einstellung zu anderen Menschen ist prinzipiell negativ. Hinter ihren scheinbar hilfreichen Ratschlägen steht aber nur der feindselige Wunsch, der andere solle es auch nicht besser im Leben haben als man selber.

- **Hilflosigkeit.** Auch Hilflose suchen bei ihren Opfern Schuldgefühle durch Betonung ihrer Empfindlichkeit und Verletzlichkeit zu erwecken. Dabei geht am Ende der „hilflose Aggressor" als Inhaber der Machtposition gegenüber dem entnervten Opfer hervor.

Diese Liste der verborgenen, heimlichen und indirekten Aggressionen, die zumeist unbewusst eingesetzt werden, ist bei weitem nicht vollständig. Viele Krankheiten, auch Depressionen, vor allem aber sexuelle Störungen wie Impotenz oder Frigidität können Folgeerscheinungen unterdrückter Aggressionen sein. Es sind Aggressionen, die nicht mehr nach außen gehen, sondern den eigenen Körper bedrohen – sogenannte Auto-Aggressionen. Viele psychosomatische Symptome haben hier ihren Ursprung: Herzbeschwerden und Hypertonie, Magen-, Darmerkrankungen genauso wie Sexual- und Atemprobleme.

Aggressionen zählen zu den stärksten Gefühlen des Menschen, die enorme Energien verbrauchen, wenn sie nicht ausgedrückt, sondern permanent in Schach gehalten werden.

All das zeigt, dass Aggressionen zu den stärksten Gefühlen des Menschen zählen, die enorme Energien verbrauchen, wenn sie nicht ausgedrückt, sondern permanent in Schach gehalten werden. Dann verwandelt sich ursprünglich konstruktive oder zumindest neutrale Energie in destruktive Energie, die sich gegen andere, aber auch gegen die eigene Person richten kann. „Der normale und gesunde Ausdruck von aggressiven Gefühlen und Impulsen", schreiben *Bach* und *Goldberg*, „hat eine bedeutende Selbsterhaltungsfunktion. Sobald diesen Energien jedoch der direkte Weg nach außen versperrt wird, wenden sie sich gegen den Körper. Wenn aggressive Gefühle jedoch offen und direkt zum Ausdruck gelangen können, aktivieren sie die gesamte Muskulatur des Körpers."

Das Management ist eine Bühne, auf der aggressive Energien in alle denkbaren Richtungen geschickt werden könnten. Hier ist aber immer noch Norm, dass Emotionen sich nicht schicken, sondern als Ausdruck von Schwäche gehalten werden und Sachlichkeit obwalten müsse. Vor allem in der Kommunikation untereinander. Hier wird eine Sprache geführt, die der frühere Automobilmanager und Querdenker *Daniel Goeudevert* in seiner Autobiografie „Wie ein Vogel im Aquarium" so beschreibt: „Es ist die Sprache der Männer, die einer nie angezweifelten Vorstellung von vernünftigem Argumentieren folgt, als sei der Verstand eine sterile, technische Maschine und Gefühl nur Sand im Getriebe."

Wo Gefühle tabu sind, wird nach Darstellung des Hamburger Kommunikationswissenschaftlers *Friedemann Schulz von Thun* „der Deckel der Sachlichkeit auf die Schlangengrube der menschlichen Gefühle" gestülpt, werden „Sachgespräche mit Beziehungs-Stecknadeln gespickt" oder es fliegen dauernd „alte Hühnchen ungerupft durch den Raum".

Der natürliche Ausdruck von Gefühlen aber, darin sind sich heutzutage nicht nur praktizierende Psychologen einig, ist unabdingbare Voraussetzung für den Aufbau von Vertrauen unter den Menschen. Gefühl ist, wie es *Reiner Friederiszik*, der frühere Geschäftsführer des deutschen *Grid-Instituts* in *Recklinghausen* einmal sagte, der am meisten unterschätzte Produktionsfaktor in der Wirtschaft.

Gefühl ist der am meisten unterschätzte Produktionsfaktor in der Wirtschaft.

„Wenn man Gefühle abreagieren kann", so schreibt der amerikanische Transaktions-Analytiker *Dudley Bennett* in seinem Buch „Im Kontakt gewinnen", „lässt der Druck nach, daraufhin kann man das Erwachsenen-Ich freisetzen und mit ihm das Geschehene verstehen, ursprünglich verzerrte und falsch eingespeicherte Informationen können nun in sachliche umgewandelt werden, die sich zur Lösung von Problemen in der Zukunft einsetzen lassen".

Von so viel Einsicht sind viele Manager bis heute weit entfernt. Oft helfen sie mit, ein Klima von Angst und Menschenverachtung zu verbreiten, in dem Kleinkämpfe und Psychospiele die Regel sind. *Daimler-Benz'* Konzernbetriebsrat *Karl Feuerstein* legte in einem Interview mit der Zeitschrift „Capital" kürzlich offen, wie aggressiv die Chefs in Deutschlands renommiertester Autofabrik heutzutage agieren: Da werde

Oft helfen sie mit, ein Klima von Angst und Menschenverachtung zu verbreiten, in dem Kleinkämpfe und Psychospiele die Regel sind.

- „bei jedem neuen Produkt und verändertem Produktionsablauf sofort mit Abwanderung ins Ausland" gedroht,

- würden „mit Kaltschnäuzigkeit" geltende Tarifverträge missachtet,

• eine Stimmung eingeheizt, von der man später nur schwer wieder runterkomme.

„Der Stil der Auseinandersetzung", so *Feuerstein*, „hat sich bei uns gewaltig verändert". Früher hätten beide Seiten, Arbeitgeber und Betriebsrat, gewusst, was man einander zumuten könne. Das sei geachtet und respektiert worden. Heute könne davon keine Rede mehr sein.

Daimler-Benz ist kein Einzelfall, seitdem die Unternehmen vornehmlich auf dem Rücken der Belegschaft Kosten senken und die Produktivität steigern. Der Zeitgeist stärkt, wie schon in den fünfziger Jahren, den durchsetzungsstarken Machertypen den Rücken – dem berüchtigten „Alphatier mit Imperatorsyndrom", wie der Münchner Unternehmensberater *Dr. Wolfgang Strasser* sie genannt hat.

Die gängigsten Tricks

Daher sind die Managementetagen überfüllt mit Kämpfernaturen, die alle gängigen Tricks beherrschen.

Immer noch obwaltet nach dem Dafürhalten von *Christo Quiske*, Mitinhaber des in *Burscheid* ansässigen *Instituts für angewandte Kreativität (IAK)* im Management die Philosophie eines überholten mangelorientierten Weltbildes – es gibt nicht genug für alle und darum müsse jeder sehen, dass er im Verteilungskampf gegen andere gewinnt. Daher sind die Managementetagen überfüllt mit Kämpfernaturen, die alle gängigen Tricks beherrschen. Die seit Jahren beliebtesten sind:

• Nur nicht nachgeben! Der Konkurrenzkampf wird immer härter und rücksichtsloser, also ist nachgeben tödlich. *Freimut Stein* schreibt in seinen „Lebensregeln": „Um die zahlreichen Nachteile zu vielen Nachgebens zu vermeiden, kommt es darauf an, die eigene Durchsetzungsfähigkeit genügend zu üben und zu pflegen".

• Nur nicht die eigenen Hände beschmutzen! Der Augsburger Psychologie-Professor *Oswald Neuberger* und *Ain Kompa* schilderten diesen Trick in einem „Psychologie-Heute"-Artikel so: „Der mildväterliche Vorgesetzte hat einen leistungsbetont-aggressiven 'Macher' zur Seite, der ihm die 'Drecksarbeit' abnimmt..

• Den Gegner schachmatt und mundtot reden! Der Trick der Wahl ist die immer noch massenhaft in Rhetorikkursen

150

angebotene Dialektik, die mittlerweile wohl schon Tausende von Managern beherrschen. Sie ist tatsächlich äußerst effizient.

• Nur nicht spüren lassen, dass man gerade äußerst verbissen um ein Ziel kämpft! Der amerikanische Autor *George S. Odiorne* sagt dazu: „Praktisch niemand spricht über die Tatsache, dass man im Geschäftsleben kämpfen muss". Wettbewerb sei „in der Tat" nichts anderes als ein Kampf gegen andere.

• Mit ausgeklügelten Strategien andere ausbremsen! Hierzu hat die Transaktionsanalyse, eine auch dem Laien verständliche und praktikable Abart der Freudschen Psychoanalyse, zahlreiche „Erwachsenenspiele" zusammengetragen, die sich auch für das Verständnis der Positionskämpfe im Management eignen.

Es sind allesamt Foulspiele, in denen Manager und Mitarbeiter ihre angestauten Aggressionen abladen. Psychologisch geschulte Unternehmensberater und -trainer berichten übereinstimmend, dass derlei „Spielchen" im Management immer schädigender werden. Der Diplompsychologe und Berater *Jakob-Peter Müller* schätzt den „Neurotisierungsgrad" im deutschen Management auf 90 Prozent ein.

Es sind allesamt Foulspiele, in denen Manager und Mitarbeiter ihre angestauten Aggressionen abladen.

Der Münchner Trainer *Jörg Kaspar Roth* vergleicht das Management insofern mit dem Geschehen auf Fußballplätzen: „Je unklarer die Spielregeln im Kampf, je schwächer die Schiedsrichter, je parteiischer das Publikum und je begehrter die Siegprämie, desto rücksichtsloser das Foulspiel". Dabei werde freilich beim Fußball noch vergleichsweise fair gespielt. Im Spielfeld Beruf sei oft unklar, wer gegen wen spielt, sei zudem die Leistung des einzelnen nicht so klar zu sehen wie die des Torschützen beim Fußball, würden die Spielregeln häufig geändert, und außerdem seien die Schiedsrichter, nämlich die Chefs, oft selber Mitspieler.

So vergiften Psychospiele das Betriebsklima: Über Mobbing & Bossing

Psychospiele im Management laufen als Abfolge verdeckter Transaktionen ab. Der Vorgesetzte fragt beispielsweise seinen Untergebenen, durchaus vom Erwachsenen-Ich zum Erwachsenen-Ich, ob er sich schon Gedanken über die Optimierung der gerade laufenden Werbekampagne gemacht habe. Der Vorstand sei mit den bisher erreichten Marktanteilen noch nicht zufrieden.

Tatsächlich, aber verdeckt, richtet hier das kritische Eltern-Ich des Chefs den Appell an das fügsame Kindheits-Ich seines Mitarbeiters, er solle sich mehr anstrengen, schließlich sei die von ihm veranlasste schlechte Werbung schuld am mäßigen Absatzerfolg. Der Untergebene spürt deutlich den Vorwurf, antwortet aber sachlich, wie es sich fürs Geschäftsleben gehört, aus seinem Erwachsenen-Ich heraus, die erforderliche Optimierung sei gemeinsam mit der Werbeagentur bereits ins Visier genommen. Doch er sagt eben dies in so trotzigem Ton und mit so abwehrender Gestik, dass der Chef leicht missgelaunt das Zimmer verlässt.

Psychospiele sind ein bewährtes Mittel, vorgeblich verbotene oder unschickliche Gefühle, vor allem aggressiver Natur, auf legitime Weise auszudrücken.

In dieser Weise und für die Beteiligten stets unbewusst laufen viele Psychospiele ab. Das Management ist ein besonders ergiebiger Nährboden solcher Spiele, weil hier nach stillschweigender Übereinkunft aller Mitspieler Gefühle nichts zu suchen haben. Sie werden also verdrängt oder unterdrückt, womit sie noch nicht verschwunden sind. Auf verdeckten und krummen Wegen brechen sie sich dennoch Bahn. Psychospiele sind ein bewährtes Mittel, vorgeblich verbotene oder unschickliche Gefühle, vor allem aggressiver Natur, auf legitime Weise auszudrücken.

Die Rollen: In jedem Psychospiel gibt es zwei, häufig auch drei Rollen, die zumeist austauschbar sind:

1. Das Opfer, das seine eigene Minderwertigkeit („ich bin nicht okay") immer wieder bestätigt haben möchte.

2. Der Verfolger, der immer wieder auf die Herabsetzung anderer („du bist nicht okay") aus ist, sei es bei der Verfolgung des Opfers, sei es bei Attacken auf den Retter, den Dritten im Bunde.

3. Der Retter, der mit seinen unerwünschten, nie wirklich weiterhelfenden Ratschlägen die Hilflosigkeit seiner Opfer („du bist nicht okay") fördert.

Die Spiele dieser drei Rollenträger verlaufen regelmäßig überaus dramatisch ab, teilweise mit wechselnden Rollen bei ein- und demselben Spiel.

Laut *Abe Wagner*, einem amerikanischen Experten der Transaktionsanalyse, hat jedes Psychospiel sechs Stufen:

1. Der Schwindel, also der Versuch, jemanden hereinzulegen.

2. Der wunde Punkt, also die Schwachstelle eines Menschen.

3. Die Reaktion.

4. Die überraschende Wende.

5. Die Verwirrung.

6. Die Belohnung in Form von schlechten Gefühlen.

Als Ziele von Psychospielen nennt *Wagner* unter anderen: die eigenen unbewussten Einstellungen und Scripts zu fördern, Streicheleinheiten zu bekommen, die eigene Grundposition zu betonen oder Intimität zu vermeiden.

Einige der daraus komponierten und im Management überaus beliebten Psychospiele heißen:

• Jehides. Das ist die Abkürzung von „Jetzt habe ich dich erwischt, du Schweinehund". Es ist das typische Verfolgerspiel, das Vorgesetzte zur Demütigung ihrer Mitarbeiter einsetzen.

Jehides. Das ist die Abkürzung von „Jetzt habe ich dich erwischt, du Schweinehund".

• Überlastet. Das ist das wohl beliebteste Opfer-Spiel. Standardausrede: „Ich habe alles getan, was in meinen Kräften stand...". Tatsächlich führt der Mitspieler in der Opferrolle nach Kräften immer wieder die Situation herbei, die ihn scheitern lässt.

• Gerichtssaal. Bei diesem Spiel kann sich der Chef als Retter gebärden und versuchen, den Streit zweier ihm untergebener Mitspieler zu schlichten. Dazu neigen Führungskräfte, die überwiegend aus dem kritischen Eltern-Ich heraus agieren, also aufs Kritisieren oder Bestrafen aus sind und als Retter so tun können, als handelten sie aus dem fürsorgenden Eltern-Ich heraus.

Diesen und weiteren Psychospielen (Wanja = Warum nicht, ja aber; Siwadah = Sieh, was du angerichtet hast; etc.) gemeinsam ist: Sie hinterlassen bei allen Mitspielern schlechte Gefühle, lösen keines der anstehenden Probleme und haben für die Mitspieler nur einen einzigen Scheinvorteil: Sie brauchen sich nicht mehr bewusst und aktiv mit der Wirklichkeit auseinanderzusetzen und können es vermeiden, sich oder die eigenen Lebensverhältnisse zu ändern.

Eine stets spielför-
dernde Grundlüge
rankt sich in vielen
Unternehmen um den
sogenannten koopera-
tiven Geist oder
Führungsstil.

Eine stets spielfördernde Grundlüge rankt sich in vielen Unternehmen um den sogenannten kooperativen Geist oder Führungsstil. „Der Schwindel entsteht" nach *Bennett,* „wenn die Unternehmensnormen den Konkurrenzkampf fördern, ob er nun in einer Situation angebracht ist oder nicht". Auch *Schulz von Thun* ist dieses „unauflösbare Dilemma" nicht fremd, das offizielle Appelle zur Zusammenarbeit und inoffizielle zur „Gegeneinander-Arbeit" vielfach auslösen. Auf diese Weise schaffen sie ein Klima wachsender Feindseligkeit hinter der Maske allgemein freundlichen Gebarens.

Auf diese Weise
schaffen sie ein
Klima wachsender
Feindseligkeit hinter
der Maske allgemein
freundlichen
Gebarens.

In diesem Klima kommen auch jene Menschen voll auf ihre Kosten, die in der Terminologie der Transaktionsanalyse psychologische „Rabattmarken" sammeln. Sie erschaffen Situationen, in denen alte Gefühle der Schuld, Unzulänglichkeit, der Kränkung, der Angst oder des Hasses von ihnen wiedererlebt werden. Damit wollen die Rabattmarkensammler ihren alten Status bewahren. Sie wollen unbewusst Sicherheit.

Typischer Vertreter eines solchen Rabattmarkensammlers ist der Angestellte, der das Psychospiel „Überlastet" spielt. Indem er sich ständig überfordert und überfordern lässt, sammelt er so lange Gefühle der Deprimiertheit, Enttäuschung und Schlappheit an, bis er zusammenbricht.

Die aggressive Variante des Rabattmarkensammlers speichert wütende und feindselige Gefühle – sogenannte „rote Marken". Sein Lieblingsspiel heißt „Sieh bloß, was du angerichtet hast". Nach *James* und *Jongeward* wird dieses Spiel etwa im Büro inszeniert, wenn eine Sekretärin sich vertippt, während ihr Chef ihr über die Schultern schaut und, statt die Verantwortung für ihren Fehler zu übernehmen, ihren Chef mit den Worten anherrscht: „Sehen sie bloß, was Sie angerichtet haben". Sie sammelt rote Marken – so lange, bis der Chef die Sekretärin in Ruhe lässt. Dann hat sie ihren Spielzweck erreicht: die Isolation.

Hass und Selbsthass:
Die Rechtfertigung der Machtbesessenheit

Die Weichenstellung für Kompetenz oder Imkompetenz im Umgang mit den eigenen Aggressionen wird in der Kindheit gelegt. Gewiss legt die Kindheit einen Menschen nicht bis zum Ende seines Erwachsenendaseins fest, jederzeit hat der Erwachsene die Chance, sich zu entwickeln und zu verändern. Doch die wenigsten Menschen, die aufgrund einer schwierigen Kindheit ein Übermaß an Hass und Selbsthass aufgebaut haben, nutzen diese Chance.

Wie kommt es zu diesem Hass? Erwähnt wurde schon *James'* und *Jongewards* Klient Richard, bei dem der Mangel an körperlichem Kontakt durch seine Eltern zu einem unproduktiven Rollenbuch, das besonders sein Berufsleben belastete, führte. Beide Autoren betonen denn auch, jeder Mensch brauche Zuwendung, und wer sie nicht bekomme, provoziere häufig negative Aufmerksamkeit durch Aufsässigkeit.

Derlei Gewohnheiten setzen sie dann als Erwachsene fort, beschwören mutwillig Auseinandersetzungen in der Partnerschaft, mit Freunden oder auch in der Arbeitswelt herauf, indem sie unproduktiv streiten, Fehler machen, sich verletzen usw. Untersuchungen haben gezeigt, dass in einer emotional sterilen Arbeitssituation die Produktivität sinkt und häufigere Konflikte entstehen. „Offenbar ist für Kinder wie Erwachsene negative Aufmerksamkeit besser als gar keine", resümieren *James* und *Jongeward*.

Untersuchungen haben gezeigt, dass in einer emotional sterilen Arbeitssituation die Produktivität sinkt und häufigere Konflikte entstehen.

Dem Zusammenhang von Selbsthass und Hass und der Abspaltung des inneren Selbst ist der Psychoanalytiker *Arno Gruen* bis in alle Einzelheiten nachgegangen. Der Titel seines Buches klingt wie ein Résümee seiner Studien: „Der Wahnsinn der Normalität". Er legt dar, dass das im jungen Menschen werdende Selbst grundsätzlich zwei Richtungen einschlagen kann: Entweder formt es sich frei und in eigener Verantwortung – das wäre der gesunde oder normale Weg. Oder es überlässt sich gehorsam dem prägenden Einfluss anderer und weicht der Selbstverantwortung aus.

Die Verleugnung von Selbstverantwortung stellt dabei nach *Gruen* heute die Normalität dar. Die Tragödie liegt darin, dass die eigene Verantwortung durch ein ganz spezielles

Die Tragödie liegt darin, dass die eigene Verantwortung durch ein ganz spezielles Machtspiel aus dem Bewusstsein getilgt wird.

Machtspiel aus dem Bewusstsein getilgt wird. Dieses Spiel mündet in einen Vertrag, den das Kind vorbewusst, aber durchaus willentlich mit den Erwachsenen schließt: „Ich werde so, wie du mich haben willst, damit du für mich sorgst – meine Unterwerfung ist von nun an meine Macht über dich, mit der ich deine Fürsorge erzwinge".

Der Selbsthass ist eine energiezehrende Kraft, die zur Handlung aufruft. Am besten wäre es, wenn der Mensch seinem Selbsthass ins Auge sähe und den Verrat an sich selbst, auf dem er beruht, klar erkennen würde. Doch das tun die wenigsten Menschen. Sie verleugnen ihn vielmehr.

So entsteht ein Widerspruch zwischem dem Bedürfnis, vor sich selbst das Gesicht zu wahren und der Bereitschaft, sich durch Unterwerfung weiterhin mit der Macht zu verbünden. So wächst die Spaltung in der menschlichen Seele, „eine radikale Abspaltung, die Abspaltung vom Wissen um das preisgegebene Selbst und den daraus resultierenden Selbsthass".

Wird der Wahrheit ausgewichen zum Nutzen von Ideologien, durch die sich die Kultur der Macht am Leben erhält, dann wird menschliches Unglück ständiges Merkmal unseres Lebens sein.

Die Zivilisation und ihre Gehorsam fordernden Normen sind für *Gruen* entscheidende Faktoren bei der Entstehung von Selbsthass. Wird der Wahrheit ausgewichen zum Nutzen von Ideologien, durch die sich die Kultur der Macht am Leben erhält, dann wird menschliches Unglück ständiges Merkmal unseres Lebens sein, gleichgültig, welche wirtschaftliche oder politische Richtung eine Gesellschaft hat. Deutlichstes Zeichen ist das rachsüchtige und vorwurfsvolle Verhalten vieler Menschen in Wirtschaft, Politik und Privatem.

Unmenschlichkeit, destruktive Verhaltensweisen, „das Böse" sind Folgen des Unvermögens, die Verantwortung zu übernehmen für die lange zurück liegende Entscheidung, das durch die Geburt erworbene Recht, man selbst zu sein, preiszugeben.

Am Beispiel des Lyoner Gestapo-Chefs *Klaus Barbie* macht *Gruen* klar, dass Hass im Grunde aus Selbsthass resultiert. Zur Folterung und Ermordung eines französischen Widerstandskämpfers sagte der Nazischerge nur sinngemäß, er habe das Gefühl gehabt, dass dieser Gegner er selbst war, als er ihn verhörte. Je mehr er also im Verhörten sein eigenes zurückgewiesenes Selbst erkannte, um so mehr musste er ihn und damit sich selbst hassen. Der Mörder erkennt in seinem Opfer sein eigenes Selbst.

Das nach dem Prinzip der Macht organisierte Selbst lässt einen Menschen entstehen, der wie ein Blatt im Winde umhertreibt. Verantwortung heißt dann nur noch, im Einklang mit der herrschenden Macht oder Ideologie zu sein. Auf diesem Wege sind nach dem letzten Weltkrieg Musterdemokraten aufgetaucht, die einst glühende Anhänger des wilhelminischen Kaiserreichs, dann Demokraten und zuletzt fanatische Nazis waren – kein schlechtes Gewissen störte ihre häufige Metamorphose.

Verantwortung heißt dann nur noch, im Einklang mit der herrschenden Macht oder Ideologie zu sein.

„Die Lektion des Nazitums", sagt daher *Gruen*, „ist nicht nur eine Geschichtslektion über Machtpolitik, Gier, Größenwahn und über das Böse, sondern sie lehrt auch, was Männer und Frauen zu tun imstande sind, wenn sie keine Beziehung zu ihrem inneren Sein haben".

Immer wieder läuft das gleiche Muster ab: Menschen unterwerfen sich einer Autorität mit der Absicht, sich dieser Macht anzuschließen. Damit wird der aus der Unterwerfung resultierende Selbsthass verdeckt. Fortan wird solchen Menschen eine nicht von Macht geprägte Realität undenkbar.

Eine eigentümliche Logik entsteht: Weil die zwanghaft nach Macht strebenden Menschen um jeden Preis Schmerz vermeiden, weil Schmerz für sie als Demütigung empfunden wird, wird ihr eigentlicher Lebenszweck die Demütigung und Erniedrigung anderer. Sie brauchen nun einen Feind, der ihre Machtbesessenheit und ihre Eroberungen rechtfertigt. Die zu erobernden Ziele können ein Gelände sein, aber auch ein wissenschaftliches Problem oder ein noch nicht aufgerollter Markt.

Sie brauchen nun einen Feind, der ihre Machtbesessenheit und ihre Eroberungen rechtfertigt.

Die Unfähigkeit oder Inkompetenz im Umgang mit der eigenen Aggression entspringt nicht einem angeborenen Trieb, sondern ist Folge eines Sozialisationsprozesses, der bis heute viele Menschen prägt. Wenn die Ursachen verdrängt und die Folgen nicht ins Bewusstsein gehoben werden, wird der Mensch von destruktiven Energien beherrscht. Das Destruktive ist in allen Menschen angelegt, es ist eine menschliche Teilpersönlichkeit, die beachtet und gelebt werden will, damit sie im Zaum gehalten werden kann.

Aggressions-Lösungen - der Abschied vom Aktionismus

Wenn Menschen auf diesem Wege sind, wird ihre zunehmende Gier nur durch körperliche Erschöpfung gebremst. Ob Politiker oder Industriemanager – alle Eroberer können nicht mehr aufhören, wenn sie sich erst einmal auf diesem Weg befinden. *Gruen* wörtlich: „Je weniger sie imstande sind, sich der Eroberung ihres eigenen Inneren zu widmen, um so entschiedener stürmen sie auf dem Fluchtweg vor sich selbst voran und suchen verstärkt etwas jenseits der Grenzen ihres gehassten Selbst zu erobern". Ihr ganzes Leben widmen sie dem Erwerb von Besitz und Macht, unfähig, seelischen Schmerz und Leid zu ertragen.

Gibt es einen Weg für solche Menschen, wieder Zugang zu ihrer inneren Welt des Fühlens zu finden? Den gibt es immer für Menschen, die ernsthaft an sich zu arbeiten bereit sind, um diese eingeprägten Mechanismen zu verändern. Es ist ein Weg, der durch alte Schmerzen führt und die einst weggeschobenen Gefühle aktualisiert.

Welche Richtung der Persönlichkeitsentwicklung eingeschlagen wird, hängt von der Situation und Persönlichkeit des Klienten ab. Nach *Schwäbisch* und *Siems* führt sogar konsequent betriebene Meditation zur Lösung, nämlich zur Bewältigung alter ungelöster Konflikte. Die Meditation bewirkt eine Entstressung auf verschiedenen Ebenen: Gedanken, Bilder, Phantasien, muskuläre und physiologische Prozesse können auftreten und alte Verhärtungen lockern. Die Lösung der alten Stressfaktoren geschieht mit der Zeit von ganz allein, wenn die Führungskraft es nur zulässt.

Durch regelmäßig praktizierte Meditation erfolgt eine zunehmende Sensibilisierung oder eine Deautomatisierung – die Wahrnehmung wird unabhängiger von unseren alten Konditionierungen und Erfahrungen. So wird allmählich die Wirklichkeit vorurteilsloser wahrgenommen, so dass der getriebene Macher sich selbst und seine Umwelt bewusster, ehrlicher, klarer, frischer und damit auch neuer sehen kann.

Das bewirkt eine Änderung seines Selbstbildes und seines Verhaltens. Entscheidend für den Prozess der Selbstentfaltung ist, dass durch die Meditation ganz von selbst die eigenen Gefühle im Alltag stärker bemerkt werden, wobei zunächst viele sogenannte „negative" - also zumeist unangenehm empfundene – Gefühle wie Ärger, Traurigkeit, Einsamkeit oder Angst auftreten können. Da auch die Expressivität durch die Meditation ansteigt, können diese Gefühle nun ausgedrückt – und dadurch in die eigene Persönlichkeit integriert werden.

Auch zwischen den Meditationen kann der Entstressungsprozess weitergehen, wenn der Klient weiterhin den Ausdruck auch jener Gefühle zulässt, die er bislang als „negativ" eingestuft und damit verborgen hatte. Der Dreierschritt Wahrnehmen der Gefühle, Ausdruck der Gefühle und Loslassen der Gefühle löst am Ende die unerledigten Konflikte aus der Vergangenheit. Der Klient muss jedoch lernen, die meditative Haltung und Einstellung auch im Alltag beizubehalten und darf die inneren Prozesse, die sich ja weiter fortsetzen, nicht (ab)werten und zensieren, sondern zulassen und ausdrücken.

Nach Überzeugung der beiden Autoren geschieht der Prozess der Entstressung und Sensibilisierung durch Meditation in so kleinen Schritten, dass die Integration abgespaltener Persönlichkeitsanteile im Alltag ohne große Aufruhr und fast unmerklich geschieht. Daher verläuft dieser Weg der Selbstentfaltung – nach der Überwindung möglicher Anlaufschwierigkeiten und gezügelter Ungeduld – in der Regel befriedigend und lustvoll. Auftretender Wachstumsschmerz kann auf dem Hintergrund positiver neuer Erfahrungen ohne Widerstand zugelassen werden.

Daher verläuft dieser Weg der Selbstentfaltung – nach der Überwindung möglicher Anlaufschwierigkeiten und gezügelter Ungeduld – in der Regel befriedigend und lustvoll.

Etwas anstrengender und mit mehr aufwühlenden Irritationen und psychischen Schmerzen verbunden sind die vielfältigen Konfliktbearbeitungsmöglichkeiten auf der körperlichen Ebene. Ihre Wirksamkeit beruht auf der grundlegenden Erkenntnis, dass jede psychische Verspannung aufgrund von Wahrnehmungsverdrängungen oder Gefühlsunterdrückung sich im Körper niederschlägt. Muskel für Muskel verspannt sich bis hin zum bekannten Reichschen Muskelpanzer, den es mit den bewährten Methoden der Bioenergetik, mit dem von *Ida Wolf* entwickelten Rolfing (Strukturelle Integration), Atemtherapien, der Konzentrativen Bewegungstherapie und vielen anderen körpertherapeutischen Ansätzen mehr zu lockern und zu „schmelzen" gilt.

Damit ist die Voraussetzung geschaffen, dass der Klient über den primären Ansatz des Körpers wieder mit seinen nicht erledigten und verdrängten Konflikten konfrontiert wird. Er nimmt alte und bislang unterdrückte Gefühle erneut wahr, erlebt sie noch einmal schmerzhaft, so als ob er in eine vergangene Gefühlssituation erneut eintaucht, und erweitert damit sein Bewusstsein um die Erkenntnis der einstigen ursprünglichen Schmerzursachen und lässt sie endlich los.

Dieser klassische Heilungsweg lässt sich auch mit einer Fastenkur gehen – ein Weg, den immer mehr Menschen im deutschsprachigen Bereich beschreiten. Das Heilfasten sorgt nicht nur für eine gründliche Reinigung des Körpers, sondern läßt auch alte psychische Konflikte und verdrängte Gefühle wieder aufleben. Wird dieser Prozess psychotherapeutisch begleitet, kommt es zu einer sehr effizienten Aufarbeitung durch Ausdruck und Integration der dabei auftretenden Gefühle.

Die Freistellung des Organismus von der täglichen Routine erleichtere es dem Organismus, sich auf der psychischen wie auf der physiologischen Ebene von psychischen Vorgängen zu trennen, die seine Balance stören.

Schwäbisch und *Siems* sehen einige Parallelen zwischen dem Heilfasten und der Meditation: Wie das Fasten den Organismus vorübergehend vom normalen Verdauungsvorgang befreit, koppelt die Meditation den Klienten von den täglichen Handlungen und Wahrnehmungen ab. Diese Freistellung des Organismus von der täglichen Routine erleichtere es dem Organismus, sich auf der psychischen wie auf der physiologischen Ebene von psychischen Vorgängen zu trennen, die seine Balance stören.

Praktische Übungen für Führungskräfte:
Die Umwandlung von aufgestauten Aggressionen

Unternehmen können ihren Mitarbeitern helfen, kompetent mit Aggressionen umzugehen. Dies ist besonders bei Führungskräften nötig, die oft im Dilemma aggressiven Karriereverhaltens einerseits und einer entaggressivierten Führungskultur andererseits stecken. In einem solchen Betriebsklima werden nämlich Aggressionen in der Regel verdeckt ausgetragen. Heraus kommt ein Phänomen, das immer mehr Belegschaften erfasst: das Mobbing, das unendlich viel Energien bindet, die den Arbeitsprozess lähmen.

Das Management kann auf dem Wege der Personalentwicklung für deutliche Besserung sorgen, beispielsweise für die Entwicklung einer versöhnungsbereiten Streitkultur. Dabei geht es nicht darum, Aggressionen noch mehr unter Tabu

160

zu stellen, sondern Gefühle generell auch im betrieblichen Alltag zuzulassen und damit zu einer konstruktiven Form der Konfliktbewältigung zu finden. „Streiten verbindet", so betitelte *George Bach* eines seiner Bücher zum Thema Aggression. In manchen deutschen Unternehmen hängen inzwischen deutlich sichtbare Hinweise mit dem Appell „Streiten ja, aber fair". Konstruktives Streiten als Teilaspekt einer neuen Firmenkultur, um dadurch bisherige zwischenmenschliche Barrieren, Kreativitätsblockaden und Reibungsverluste in den Arbeitsabläufen abzubauen und ein Wiederaufleben zu vermeiden.

In manchen deutschen Unternehmen hängen inzwischen deutlich sichtbare Hinweise mit dem Appell „Streiten ja, aber fair".

Welches Konzept in Trainings oder Workshops dabei auch immer zum Tragen kommt, grundsätzlich geht es beim kompetenten, das heißt konstruktiven, Umgang mit Aggressionen immer um einen Erkenntnis- und Bewusstwerdungsprozess, der in vier Phasen abläuft:

1. Phase: Die Person spürt, dass sie aggressiv ist. Dieses Gefühl des Ärgers, der Wut lädt sie mit viel Energie auf.

2. Phase: Die Wut wird gegenüber dem Streitpartner ausgedrückt. Um den Ballast loszuwerden, müssen freilich beide Streitpartner auf der Ebene der Gefühle ihren Zorn ausdrücken, müssen beide eine gemeinsame emotionale Sprache finden. Wenn der andere nur rational, vermeintlich logisch kontert und womöglich dabei noch lächelt, wird die zunächst aggressive Person dadurch nur noch wütender.

3. Phase: Die wütende Person, die nach dem Gefühlsausdruck nun wieder klar denken kann, überlegt und erkennt, was diese Wut mit der eigenen Person zu tun hat, welche Gedankenmuster, Einstellungen, Erinnerungen und Projektionen die aggressiven Gefühle hat aufkommen lassen. Erst wenn sie erkannt und verstanden hat, was die Aggression mit der eigenen Persönlichkeit zu tun hat, kann sie die Verantwortung dafür übernehmen. Wer die Schuld nur auf den anderen ablädt, indem er diesen wüst beschimpft und beschuldigt, verändert nichts.

4. Phase: Der Streit wird durch (beiderseitiges) Verzeihen beendet, wodurch ein endgültiger Schlussstrich unter eine aggressionsauslösende Situation gezogen wird. Verzeihen heißt vergeben und bedeutet, sich selbst und dem anderen nichts davon mehr nachzutragen, so dass ein ehrlicher und unbelasteter Neuanfang möglich ist.

Fiero Ferucci, Schüler des italienischen Psychotherapeuten und Begründers der Psychosynthese *Roberto Assagioli*, sieht in der menschlichen Aggressivität eine unentbehrliche Quelle für schöpferische Aktivitäten. Künstlerische Meister wie *Michelangelo* oder *Beethoven* hätten es verstanden, ihr hohes Maß an Aggressionsbereitschaft umzuwandeln und in ihre Arbeit einfließen zu lassen.

Er machte sich mit derartiger Raserei und Ungestüm an die Arbeit, dass ich dachte, das ganz Werk würde in Stücke zertrümmert.

Ferucci zitiert einen französischen Besucher *Michelangelos*, der über ihn folgendes berichtete: „*Michelangelo* konnte in einer Viertelstunde mehr Stücke aus dem harten Marmor hauen, als drei junge Steinhauer in drei bis vier Stunden, was man mit eigenen Augen gesehen haben muss, um es glauben zu können. Er machte sich mit derartiger Raserei und Ungestüm an die Arbeit, dass ich dachte, das ganz Werk würde in Stücke zertrümmert. Mit einem einzigen Schlag hieb er drei bis vier fingerbreite Stücke heraus, diese so nahe an der Stelle, die er bewahren wollte, dass er riskierte, das ganze Werk zu zerstören, hätte sein Schlag auch nur geringfügig weiter rechts oder links getroffen."

Wie es gelingt, in dieser Weise schädliche in produktive aggressive Energie umzuwandeln, schildert *Ferruci* so:

»1. Wählen Sie ein Ziel oder eine Aktivität, der Sie mehr Dampf aufsetzen wollen.

2. Lassen Sie den Gedanken an dieses Ziel vorübergehend beiseite und treten Sie in Kontakt mit Ihrer Aggressivität, welche Form auch immer sie jetzt gerade hat: Groll, Wut, Verwirrung usw. Nehmen Sie Ihre Energie wahr, die Wirkung, die sie auf Ihren Körper ausübt, vielleicht auch den Schmerz, den sie Ihnen verursacht. Geben Sie ihr sozusagen Raum, beobachten Sie sie, ohne sie zu interpretieren und ohne sie sofort definieren und etikettieren zu wollen.

3. Werden Sie sich nun bewusst, dass diese aggressive Empfindung Energie verkörpert, die sehr wertvoll ist und zu Ihrer Verfügung steht, und auf ganz verschiedene Weise genutzt werden kann, anstatt dass Sie sie nur einfach in sich aufstauen. Sie kann Ihnen weh tun, doch sie kann

auch zur vorantreibenden Kraft für die Zielsetzung oder die Aktivität werden, die Sie vorher ausgewählt haben.

4. Stellen Sie sich nun lebhaft vor, dass Sie sich mitten in Ihrem ausgewählten Projekt befinden. Visualisieren Sie diese Tätigkeit bis ins Detail, und stellen Sie sich vor, sie mit jener Energie zu nähren, die vorher durch die aggressive Situation absorbiert wurde.«

Ferrucci betont, dass dieser Umwandlungsprozess keine künstliche oder geistige Aktivität sei. Er findet vielmehr häufig ganz von selbst statt und kann im Laufe der Zeit zu einem natürlichen Ereignis werden. Es ist unsere Aufgabe, ein gewisses Maß an Herrschaft zu erlangen, anstatt alles einfach dem Zufall zu überlassen.

Es ist unsere Aufgabe, ein gewisses Maß an Herrschaft zu erlangen, anstatt alles einfach dem Zufall zu überlassen.

Für *Bach* und *Goldberg* fängt die Arbeit an den menschlichen Aggressionen bei der Freilassung dieser Energien an, weil ihrer Erkenntnis nach die meisten Menschen energetisch weitgehend blockiert sind. Die Gesellschaft verstärkt derlei Blockierungen noch und fördert die verbreitete passive und resignierte Einstellung zum eigenen Gefühlsbereich. Dass ein Mensch persönlich wächst, an sich arbeitet und seine Persönlichkeit aktiv weiterentwickelt, wird meist nicht gerne gesehen, weil dabei jede Menge Vorurteile, Klischees und Tabus in den zwischenmenschlichen Beziehungen beseitigt werden mit der Folge, dass vorherrschende Handlungsmuster, die sich freilich als sicher, vertraut und bequem erwiesen hatten, abgebaut werden.

Als angemessene Ausdrucksform aggressiver Gefühle empfehlen *Bach* und *Goldberg* bestimmte Rituale zur gefahrlosen Entladung vermeintlich irrationaler, ungesteuerter und intensiver verborgener Wutgefühle, damit diese sich nicht destruktiv auf die menschlichen Beziehungen auswirken können. Rituale, die ihre Anwendung im Sinne von Übung, Ausprobieren und Training in Aggressions-Seminaren finden, aber auch persönlich in Alltagssituationen angewandt, die Mög-

Rituale zur gefahrlosen Entladung vermeintlich irrationaler, ungesteuerter und intensiver verborgener Wutgefühle, damit diese sich nicht destruktiv auf die menschlichen Beziehungen auswirken können.

Rezepte gegen Aggressionen

Fünf mögliche Maßnahmen:

VESUVIUS:

Angestaute Aggressionen dem Adressaten in voller Lautstärke entgegenschreien. Die Gegenpartei läßt den Wutausbruch kommentarlos über sich ergehen. Körperliche Gewalt ausschließen!

VIRGINIA WOOLF:

Zwei Personen beleidigen sich gegenseitig ohne Rücksicht auf Anstand. Nichts von dem Gesagten allerdings darf wörtlich genommen werden, die wechselseitige Beschimpfung sollte nicht länger als zwei Minuten andauern.

BATACA-KAMPF:

Die Gegner schlagen mit wattierten Schlägern ein bis zwei Minuten aufeinander ein. Bei sehr unterschiedlichen Kräfteverhältnissen der beiden Gegner sollte der Stärkere ein zusätzliches Handicap erhalten (auf einem Bein kämpfen etc.).

SKLAVENMARKT:

Die beiden Streithähne übernehmen abwechselnd die Rolle des Sklaven und des Herrn. So wird der Chef zum Untergebenen und umgekehrt. Grundsätzlich muß der Sklave alles tun, was sein Herr gebietet. Ausnahme sind Befehle zu Verhaltensweisen, die vorab ausgeschlossen wurden.

SELBSTANKLAGE:

Ein Aggressionsritual für Einzelpersonen. Zunächst werden aufgestaute Aggressionen und begangene Dummheiten benannt. Nach vollzogener Eigenschelte („Du dummer Idiot") vergibt man sich selbst („Jeder Mensch darf Fehler machen").

Achtung: Bei sämtlichen Übungen muß die Zustimmung aller Beteiligten vorab geklärt werden.

Quelle: George R. Bach und Herb Goldberg, „Keine Angst vor Aggression", Fischer Taschenbuch Verlag, Frankfurt / Main 1997

---

lichkeit eines emotionalen Überdruckventiles darstellen, um zerstörerische emotionale Explosionen zu vermeiden. Einige der Rituale sind im Folgenden kurz beschrieben:

Ritual „Vesuvius": Bei diesem Ritual werden die Aggressionen nicht gegenüber jener Person, die sie ausgelöst hat, ausgedrückt, sondern der Wütende sucht sich zu einem späteren Zeitpunkt eine andere Person, und zwar bewusst. Diese übernimmt nach erteilter Zusage die Rolle eines Stellvertreters des vermeintlichen Aggressionsauslöser, eines bewussten „Blitzableiters" also; statt einer Klagemauer handelt es sich hierbei im übertragenen Sinne um eine „Aggressionsmauer". Der andere weiß also, dass es sich um ein Ritual des Aggressionsabbaus handelt und die verbal geäußerte Wut nichts mit ihm selbst zu tun hat. Der Wütende drückt all seinen Frust und Ärger aus — je direkter und unzensierter, desto besser. Der Zuhörer bildet ein aufmerksames und respektvolles Publikum, ohne Stellung zu nehmen, ohne auf irgendeine Art darauf zu reagieren.

Ritual „Virginia Woolf": Hier geht es, wie im Drama von *Edward Albee* „Wer hat Angst vor Virginia Woolf?", um einen bewussten Austausch von Beschimpfungen zwischen zwei Personen, im spielerischen Sinne einer Übung, eines Experimentes zum Abbau der Angst vor Äußerungen der Wut und des Ärgers. Die Aggression wird voller Power gestisch, mimisch und verbal zum Ausdruck gebracht. Die Autoren sind der Überzeugung, dass man den Grad der Aufrichtigkeit, das Intimitätspotential und die Echtheit der Zuneigung zwischen zwei Menschen daran messen kann, wie weit sie bei einem Austausch von Beleidigungen zu gehen bereit sind. Daran zeigt sich auch das Ausmaß an Freiheit, Vertrauen und Verständnis, auf dem ihre Beziehung gegründet ist. Verbindungen, die das Tragen von Samthandschuhen erfordern, sind ohne Substanz und vertragen keine Belastung. Vor Beginn dieser Lernerfahrung, die keinesfalls als Form des Streitens zum Repertoire konstruktiver Konfliktbewältigung gehört, wird eine Zeitdauer von beispielsweise zwei Minuten festgelegt.

Verbindungen, die das Tragen von Samthandschuhen erfordern, sind ohne Substanz und vertragen keine Belastung.

Ritual „Der Bataca-Kampf ": Bei diesem Ritual wird der Ärger mit Hilfe eines sogenannten Bataca-Schlägers, es kann aber auch ein alter Tennis- oder Squashschläger sein herausgelassen. Dieser stoffüberzogene Schläger wird kraftvoll auf eine Matratze, ein altes Sofa, ein Kissen oder welchen bewusst gewählten Gegenstand auch immer gedroschen, um dadurch Wut und aufgeladene körperliche und psychische Spannung kompensatorisch abzuladen. Im Prinzip nichts anderes als Schläge auf einen Punchingball, wie er heute bisweilen auch in speziellen Räumen von Firmen und Kliniken zu finden ist. Diesem Prinzip folgend steht seit Jahrhunderten im *Wiener Vergnügungspark Prater* ein sogenannter Watschenmann, eine menschengroße Stoffpuppe, die in der Funktion eines emotionalen Blitzableiters die Öffentlichkeit zum realen Ausdruck der Aggression auffordert..

Ritual „Attraktion - Reservation": Hier äußern sich die Streitpartner offen zu Eigenschaften des anderen, die sie einmal als attraktiv, zum anderen als störend ansehen. Nach *Bach/Goldberg* eignet sich dieses Ritual vor allem für Personen im Anfangsstadium einer Beziehung; außerdem kann es dann seine bewusste und ritualisierte Anwendung finden, wenn eine Beziehung sich vertiefen soll. Die gelegentliche Mitteilung von „Reservationen" und „Attraktionen" beim anderen trägt dazu bei, eine Beziehung lebendig zu erhalten. Werden Störfaktoren immer nur bagatellisiert, höhlen sie auf Dauer die realistische Basis einer Beziehung aus.

Werden Störfaktoren immer nur bagatellisiert, höhlen sie auf Dauer die realistische Basis einer Beziehung aus.

Ritual „Selbstanklage": Dies ist eine Übung für Einzelpersonen, die am besten abends gemacht wird. Der Selbstankläger schließt die Augen und lässt den Tag Revue passieren. Er erinnert sich an alle Begebenheiten, die bei ihm Ärger oder Scham ausgelöst haben. Sei es, dass er gegen seine Absicht nicht Nein gesagt hat, sei es, dass er sich zu einem oder zwei Gläsern Bier zuviel überreden ließ. Wegen dieser und weiterer Verhaltensweisen soll der Selbstankläger sich nun schriftlich oder im Selbstgespräch Vorwürfe machen. Das Ritual ist beendet, wenn aller Ärger ausgedrückt und verraucht ist und vor allem dann, dies ist eine conditio sine qua non, der Selbstankläger sich selbst verzeihen kann und vorbehaltlos vergeben hat. Sinnvoll ist eine anschließende Reflexion, um die Aggressionsauslöser des vergangenen Tages zu analysieren, und dabei vor allem den eigenen Anteil zu verstehen, um daraus resultierend einen Vorsatz und Maßnahmenplan der Veränderung zu beschließen. Denn wie heißt es so zutreffend: „Wer lernt und nichts verändert, hat nichts gelernt."

Ritual „Beharren - Widerstehen": Diese Übung trainiert den Menschen einerseits in der Fähigkeit zur Selbstbehauptung, zum anderen hilft es ihm, heuchlerische Verbindlichkeits- und Anpassungstendenzen in seiner Persönlichkeit zu überwinden. Zwei Personen sind für dieses Ritual nötig. Der Beharrliche beginnt in der Rolle des Begehrenden mit einem bestimmten Ansinnen, der andere muss darauf automatisch — und selbstbewusst überzeugend! - mit Nein antworten und dieses Nein auch begründen. Der Beharrliche bringt nun so viele einfallsreiche und verschiedenartige Gründe wie möglich vor, um den Beharrlichen zu einem Ja zu überreden; der Widerstehende äußert hingegen ebenso phantasievoll alle möglichen Bedenken und Gründe, es beim Nein zu belassen. Das Ritual ist dann beendet, wenn einer der beiden aufgibt. Diese Erfahrung bietet nach *Bach/Goldberg* eine gesellschaftsfähige Möglichkeit, Bitten und Anfragen gründlich und aufrichtig zu erwägen, statt sich voreilig angepasst und opportunistisch zu einer Zusage verleiten zu lassen. Es ist nach Überzeugung der beiden Autoren für viele Menschen eine bedeutungsvolle Erfahrung auf dem Gebiet der Aggressionsäußerung, tatsächlich einmal Nein zu sagen oder ihr Selbstbewusstsein zu bewahren, wenn sie selbst ein klares Nein, eine Absage, hören.

166

Ritual „Museum der bösen Erfahrungen": Durch dieses Ritual sollen heimliche Enttäuschungs- und Kränkungserlebnisse, die lebenshistorisch bereits lange -, vielleicht sogar schon sehr lange zurückliegen, aufgedeckt – und endlich abgebaut werden. Die betreffenden Personen erstellen eine Liste mit Kränkungen, Enttäuschungen und Ärgernissen, die sie von ihrem Partner empfangen zu haben glauben. Diese Informationen werden dem Partner in Form eines Rituals mitgeteilt. Die Teilnehmer vereinbaren keine Zeitbegrenzung, sondern der „Ankläger" liest solange seine Vorwürfe vor, bis der andere abwinkt. Der zuhörende Partner schweigt während der Mitteilung des anderen. Anschließend wechseln beide die Rollen, nun verliest der bisher Zuhörende seine Liste mit Kränkungen. Auch hier empfiehlt sich ein abschließendes gegenseitiges Verzeihen, um durch einen ehrlich gemeinten Schlussstrich unter vergangene Enttäuschungen diese so lange genährten Quellen destruktiver Aggression nun endlich auszutrocknen.

Sie sind nützlich, weil sie das Verdrängen und Hinunterschlucken von Ärger und Zorngefühlen verhindern, die nur dazu führen, dass der Mensch am Ende immer weniger Kontrolle über seine Aggressionen hat.

Diese Rituale sind von *Bach/Goldberg* nur als Anregungen gedacht, die zu Hause ausprobiert, oder im Rahmen eines Aggressionstrainings als hilfreiche Lernmöglichkeiten erfahren werden können. Jeder Leser kann sich für seine Zwecke andere, für ihn geeignetere Rituale ausdenken und durchführen. Sie sind nützlich, weil sie das Verdrängen und Hinunterschlucken von Ärger und Zorngefühlen verhindern, die nur dazu führen, dass der Mensch am Ende immer weniger Kontrolle über seine Aggressionen hat, wenn sie denn einmal in ihm explodieren. Immer noch gilt in unserer Gesellschaft der Ausdruck von Aggression als peinlich, primitiv und sozialfeindlich. Doch darin kommt letztlich nur die Angst der meisten Menschen vor der eigenen Lebendigkeit und Gefühlstiefe, aber auch die Angst vor der eigenen Veränderung zum Ausdruck. Niemand bleibt unverändert, der es gelernt hat, seinen Aggressionen ein angemessenes und konstruktives Ventil zu verschaffen. Vor allem: Das Leiden an der eigenen unterdrückten Aggression verringert sich. Der Manager nimmt damit Abschied von der Psychohölle!

Literaturhinweise

George R. Bach, Herb Goldberg: Keine Angst vor Aggression. Die Kunst der Selbstbehauptung. Frankfurt a.M., 1990.

Dudley Bennett: Im Kontakt gewinnen. Transaktions-Analyse als Führungshilfe. Heidelberg 1977.

Piero Ferrucci: Werde, was du bist. Selbstverwirklichung durch Psychosynthese. Hamburg 1986.

Arno Gruen: Der Wahnsinn der Normalität. Realismus als Krankheit: eine grundlegende Theorie zur menschlichen Destruktivität. München 1990.

Muriel James, Dorothy Jongeward: Spontan leben. Hamburg 1990.

Frederick S. Perls: Das Ich, der Hunger und die Aggression. Die Anfänge der Gestalt-Therapie. München 1989.

Josef Rattner: Selbsterkenntnis und Menschenkenntnis. München 1975.

Lutz Schwäbisch, Martin Siems: Selbstentfaltung durch Meditation. Eine praktische Anleitung. Hamburg 1987.

Autorenverzeichnis

Prof. Dr. Yolanda M. Koller-Tejeiro

Jahrgang 1947, Soziologin, Professorin an der *Fachhochschule Hamburg* (Sozialpolitik, Sozialplanung, Organisationssoziologie); vorher: Sozialplanerin in München, Assistentin am *Institut für Soziologie der Universität München* und mit den *Vereinten Nationen* in Ecuador und Costa Rica; u.a. Beschäftigung mit dem Thema »Konkurrenz unter Frauen«.

Kontakt: FH-Hamburg · Saarlandstraße 30 · D 22303 Hamburg
Fon +49 (0)40 29883682

Prof. Dr. Jens Weidner

Jahrgang 1958, Studium der Erziehungswissenschaften und Kriminologie, arbeitete mit Gangschlägern aus New York und Philadelphia. Er transferierte ein vielbeachtetes Anti-Aggressivitäts-Training für Gewalttäter aus den USA nach Deutschland. Er bildet seit 1993 Aggressionstherapeuten am *ISS-Institut* in Frankfurt am Main aus. Seit 1994 arbeitet er als Management-Trainer am Schweizer *Gottlieb Duttweiler Institut für Wirtschaft und Gesellschaft* (GDI), Rüschlikon/Zürich. Sein Spezialgebiet dort: Die (notwendigen) Schattenseiten von Führungskräften. 1995 erfolgte die Berufung zum Professor für Erziehungswissenschaften und Kriminologie an die FH-Hamburg. Buchveröffentlichungen: „Anti-Aggressivitäts-Training" Mönchengladbach 1997[4]; „Gewalt im Griff" Weinheim 1998; „Konfrontative Pädagoik" Mönchengladbach 2001.

Kontakt: Aggressions-Seminar-Service (ASS) · Wohnpark Falkenstein · Tinsdaler Kirchenweg 221A · D 22559 Hamburg
Fon +49 (0)40 816405
info@prof-jens-weidner.de
www.prof-jens-weidner.de

Prof. Dr. Sonja Bischoff

Jahrgang 1947, Diplom-Kaufmann, Universitäts-Professorin für Betriebswirtschaftslehre an der Hochschule für Wirtschaft und Politik (HWP), Hamburg. Vorher: Alleingeschäftsführerin eines Omnibusunternehmens. Spezialgebiete u.a.: Entrepreneurship, Unternehmensplanung, Kostentheorie und -rechnung. Ämter u.a.: Aufsichtsrat des Landesbetriebs Krankenhäuser Hamburg, Beirat der Deutschen Gesellschaft für Personalführung (DGFP), Kuratorium Hanseatic Consulting. Eine Vielzahl von Buchveröffentlichungen: u.a.: Langfristplanung für Wirtschaftsprüfungsgesellschaften (1974), Investitionsmanagement (1980), Männer und Frauen in Führungspositionen (1986), Frauen zwischen Macht und Mann (1990), Zukunftsmodell »Freier Beruf« (1995), Männer und Frauen in Führungspositionen der Wirtschaft in Deutschland (1999).

Kontakt: Hochschule für Wirtschaft und Politik
Von-Melle-Park 9 · D 20146 Hamburg
Fax +49 (0)40 428382780
eMail: BischoffS@hwp-hamburg.de

Prof. Dr. Norbert Bolz

Jahrgang 1953, Professor für Kommunikation und Medien-Design an der *Universität Essen*. Studierte in Mannheim, Heidelberg und Berlin Philosophie, Germanistik, Religionswissenschaften und Anglizistik. Autor zahlreicher Veröffentlichungen, u.a.: »Eine kurze Geschichte des Seins«, München 1992; »Das kontrollierte Chaos«, Düsseldorf 1994. Seine scharfen Attacken auf das verstaubte Menschenbild des Humanismus provozierten heiße Diskussionen. Das Nachrichtenmagazin FOCUS hat den Philosophen 1994 zum neuen »König der Trendforscher« ernannt.

Kontakt: Fürstenwall 51 · D 40219 Düsseldorf
Fon +49 (0)221 391067

Dr. Wolfgang Merz

Psychotherapeut (ÖBVP), Österreicher, 1954 geboren. Parallel zum Studium der Psychologie und Erziehungswissenschaften erfolgte eine Ausbildung in verschiedenen Trainings- und Therapiemethoden, u.a. in Gruppendynamik und Dynamischer Gruppenpsychotherapie (ÖAGG). Nach Erfahrungen im klinischen Bereich der Supervision und Psychotherapie, der Konzeption und Durchführung offener Trainings der Persönlichkeitsentwicklung und sogenannter »train-the-trainer-Seminare« verlagerte sich seit 1983 der Schwerpunkt auf firmeninterne Managementtrainings, Organisations- und Personalentwicklung, Coaching und Teamtraining, überwiegend in Großunternehmen.

Gründer und Gesellschafter der *MenergeMent – energetisches Management – Trainings- und Beratungs GmbH*, einem Zusammenschluss erfahrener Trainer aus Deutschland, Österreich und der Schweiz. *MenergeMent* bietet neben ganzheitlicher Beratung, Einzel- und Teamcoaching individuell auf den Bedarf des Unternehmens zugeschnittene Seminare an, u.a. Trainings zum Thema Aggression und konstruktive Konfliktlösung. Grundlage aller (offenen und firmeninternen) Trainings ist ein innovativer, ganzheitlicher Ansatz lebendigen, selbsterfahrungsorienten Lernens mit maximalem Transfer in die Praxis.

Kontakt: MenergeMent – energetisches Management – die Trainings und Beratungs GmbH
Ochtmisserstraße 12a · D 21339 Lüneburg oder
Postfach 221323 · 80503 München
Fon +49 (0)4131 671171 · Fax +49 (0)4131 671172

Sabine Mühlisch

Jahrgang 58, Diplom-Sportlehrerin, ist seit 1986 selbständige Trainerin für Körpersprache & Persönlichkeitsentwicklung mit eigener Firma *S.E.S.* (Sicherheit-Erfolg-Selbstbewusstsein). Sie war aktive Leistungssportlerin in Rhythmischer Sportgymnastik und entwickelte dabei ein intensives Gefühl für Körperausdruck. An der *Deutschen Sporthoch-*

schule in Köln studierte sie bis 1984 Sport mit den Studien-schwerpunkten Bewegungsbildung und Psychologie. Mit der Diplom-Sportlehrerin-Prüfung erwarb sie die pädagogische Kompetenz. Erfahrungen im Wirtschaftsleben sammelte sie u.a. im Verkauf und bei der Organisation im Sport-Fachhandel, im Telefonmarketing und beim Aufbau einer Werbefirma als Teamleiterin. Auf der Grundlage und in der Auseinandersetzung mit der Arbeit von Professor Samy Molcho hat sie ihre handlungs- und selbsterfahrungsorien-tierten Trainingsreihen und Seminare entwickelt. Seit 1989 arbeitet sie mit Jugendämtern, Sozialarbeitern und Bewäh-rungshelfern zum Thema »Körpersprache gegen Gewalt«. Sie entwickelte ein Trainingsprogramm für gewalttätige und aggressive Ersttäter: Hilfe statt Strafe.

An der *Heinrich-Heine-Universität Düsseldorf* hatte sie 1993/ 1994 einen Lehrauftrag. Heute lehrt sie an der *FH Konstanz* Non-Verbale Kommunikation im Kontaktstudium »Master of Business Communications (MBC)«. 1997 erschien ihr erstes Buch zum Thema »Mit dem Körper sprechen«.

Kontakt: SES-Service · Voigtelstraße 3 · D 50933 Köln
Fon +49 (0)221 4994516

Georges T. Roos

Jahrgang 1963, Unternehmensberater für Kulturelle Innovation, Luzern. Ehemaliges Mitglied der Geschäftsleitung des *Gottlieb Duttweiler Institutes für Wirtschaft und Gesellschaft* und Leiter der Abteilung »Kulturelle Innovation«. In Tagungen, Semi-naren, Workshops und Beratungen stört er »selbstverständli-che« Welt- und Selbstbilder im Hinblick auf mögliche zukunftsfähige Denk- und Wahrnehmungsweisen. Besondere Aufmerksamkeit gehört dabei der Zukunft der Biografien im aktuellen Wertewandel. Nach dem Lizentiat der Philosophi-schen Fakultät I an der *Universität Zürich* war er Journalist, zuletzt als Mitglied der Redaktionsleitung der *Luzerner Neusten Nachrichten*. Georges T. Roos lebt in Luzern.

Kontakt: Vonmattstr. 31 · CH 6003 Luzern · Fon +41 (0)41 2406336
eMail: roos@kultinno.ch

Susanne Ziesche

Europäerin, 1949 in Budapest/Ungarn geboren, 25 Jahre Tätigkeiten in Deutschland, seit fast 10 Jahren in der Schweiz. „Ich bin mit Leib und Seele Psychologin; bin glücklich freiberuflich tätig und liebe meine Arbeit in der Führungskräfte-Entwicklung. Alte Liebe rostet nicht: Mein erstes Seminar führte ich, noch als Studentin, vor 25 Jahren durch. Seither habe ich lediglich meinen missionarischen Eifer eingebüßt, der einer gelasseneren und humorvolleren Einstellung Platz machte. Beim Schreiben kommt es mir darauf an, meine Gedanken *mit*zuteilen und zur Diskussion zu stellen. Dies war auch meine Motivation für die vorliegende Arbeit: Ich hoffe auf regen Austausch zwischen Jungen und Alten, zwischen Männern und Frauen und zwischen den Fakultäten über dieses Thema".

Susanne Ziesche betreibt die Beratungsfirma *Management Training Systeme.*

Kontakt: Moosstraße 8 · CH 9437 Marbach/St. Gallen
Fon und Fax +41 (0)71 7773565
e-mail: susanne@iprolink.ch

Das **Gottlieb Duttweiler Institut für Wirtschaft und Gesellschaft**, ist der führende interdisziplinäre Think Thank der Schweiz und als europäischer »Trendsetter« in Gesellschaft und Unternehmen bekannt. Spitzenkräfte aus Wirtschaft, Wissenschaft, Kultur und Politik treffen sich im GDI.

Rund 3000 Personen nehmen jährlich an den Symposien, Informations-Tagungen, Seminaren und Workshops des GDI teil.

Leitung: Dr. David Bosshart

- Handel, Konsum und Dienstleistungen
- Gesellschaft und Kultur
- Neue Medien
- Management und Leadership

Unsere Dienstleistungen umfassen Beratungen, Referate sowie Konzept und Durchführung von Veranstaltungen und Events. Die Management-Zeitschrift *gdi impuls* und viele andere GDI-Veröffentlichungen werden in den Chefetagen aufmerksam gelesen.

Für detaillierte Informationen surfen Sie auf die Homepage **www.gdi.ch**

Gottlieb Duttweiler Institut
für Wirtschaft und Gesellschaft
Langhaldenstraße 21 • CH 8803 Rüschlikon/Zürich
Fon +41 (0)1 7246111 • Fax +41 (0)1 7246262